屠呦呦

嗨！有趣的故事

Hi! Story

徐魯

【出版說明】

在文字出現以前，知識的傳遞方式主要就是語言，靠口耳相傳的方式記錄歷史與情感表達。人類的生活經歷、生命情感也依靠著「說故事」來「記錄」。是即人們口中常說的「傳說時代」。然而文字的出現讓「故事」不僅能夠分享，還能記錄，還能更好、更廣泛地保留、積累和傳承。

《史記》「紀傳體」這個體裁的出現，讓「信史」有了依託，讓「故事」有了新的準則：文詞精鍊，詞彙豐富，語言精切淺白；豐富的思想內容，不虛美、不隱惡。選擇人物一生中最有典型意義的事件，來突出人物的性格特徵，以對事件的細節描寫烘托人物的情感表現，用符合人物身分的語言，表現人物的神情態度、愛好取捨。生動、雋永而又情味盎然。

「故事」中的人物和事件，從來就是人類的「熱門話題」。她是茶餘飯後的趣味談資，是小說家的鮮活素材，是政治學、人類學、社會學等取之無盡、用之不竭的研究依據和事實佐證。

中國歷史上下五千年，人物眾多，事件繁複，神話傳說與歷史事實並存，正史與野史交錯互映，頭緒繁多，內容龐雜，可謂浩如煙海、精彩紛呈，展現了中華文化的源遠流長與博大精深。讓「故事」的題材取之不盡，用之不竭。而其深厚的文化底蘊如何呈現，怎樣傳承，使之重光，無疑成為《嗨！有趣的故事》出版的緣起與意趣。

《嗨！有趣的故事》秉持典籍史料所承載的歷史精神，力圖反映歷史的精彩與真實。深入淺出的文字使「故事」更為生動，更為循循善誘、發人深思。

《嗨！有趣的故事》以蘊含了或高亢激昂或哀婉悲痛的歷史現場，以對古往今來無數先賢英烈的思想、事蹟和他們事業成就的鮮活呈現，於協助讀者不斷豐富歷史視域和深度思考的同時，不斷獲得人生啟迪和現實思考，並從中汲取力量，豐富精神世界，在實現自我人生價值和彰顯時代精神的大道上，毅勇精進，不斷提升。

【導讀】

一九三〇年十二月三十日，全世界都在迎接新年的時候，在浙江省寧波市開明街的一戶書香人家裏，一個小小的嬰兒，也趕在新年老爺爺到來之前，來到了人間。她就是著名藥學家、二〇一五年諾貝爾生理醫學獎獲得者，也是中國首位獲得諾貝爾科學獎項的女科學家屠呦呦。

屠呦呦是家裏五個孩子中唯一的女孩，她的名字源自中國古老的詩歌總集《詩經》中〈小雅〉裏的名句「呦呦鹿鳴，食野之蒿」。

這個蘊含著中國傳統文化元素的名字，似乎還帶著某種「預言性」：在未來的日子裏，屠呦呦一生的事業和夢想，果真和這種神奇的草藥——青蒿，緊緊地連在了一起。

呦呦小時候，多次親眼看見過寧波城裏的老郎中，用神奇的草藥治病救人的場景，因此，這個小女孩很早就對中草藥有了深深的興趣，這也為她日後探究和發現中草藥的奧祕，埋下了好奇和信心的種子。

一九五一年，屠呦呦如願考入北京大學醫學院（今天的北京大學醫學部）藥學系。她所選的專業，是當時比較冷僻的、一般醫學生也不太感興趣的生藥學。

但屠呦呦覺得，生藥專業與歷史悠久的中醫藥領域最為接近，留在她記憶裏的那些神奇的草藥，它們所散發出來的淡淡的藥香，好像一直在熏染著她的志趣與夢想。從那時開始，她就與中草藥結下了不解之緣。

大學畢業後，她一直在鑽研中醫本草學。一九六九年，中國中醫研究院接受了一項抗瘧藥的研究任務，是代號為「523」的科學研究項目的一部份。

屠呦呦受命帶領這個課題組。

在研究過程中，他們經歷了至少一百九十次失敗。為了獲得真實有效的實驗結果，屠呦呦和同事們還以身試藥，有同事戲稱自己是新時代「嘗百草」的「神農」。

一九七一年，屠呦呦帶領課題組，從草藥的有效部份中提取了一種叫「青蒿素」的成份，並證實對各型瘧疾、特別是抗藥性瘧疾具有特效。這一重大發現，為中外開展青蒿素衍生物研究打開了局面。只不過，這時候她還不知道，她的發現，將成為人類抗瘧疾研究路上的一塊里程碑。神奇的青蒿素問世四十多年來，不知道挽救了多少人的生命！

二〇一一年，屠呦呦獲得了世界著名的生物醫學獎、有著「醫學界的諾貝爾獎」美譽的拉斯克獎。

二〇一五年，八十五歲的屠呦呦獲得了舉世矚目的諾貝爾生理醫學獎。

不久，她又獲得二〇一六年中國國家最高科學技術獎，成為有史以來獲此榮譽的第一位女性科學家。

二〇一九年一月，英國廣播公司（ＢＢＣ）發起「二十世紀最偉大人物」評選，評選對象是對當代人類生活影響最大的傑出人物。屠呦呦和居里夫人、愛因斯坦、數學家艾倫・圖靈一起入圍「二十世紀最偉大的科學家」。

二〇一九年中國國慶前夕，屠呦呦還獲得了中國的最高榮譽勛章——「共和國勛章」。

「呦呦鹿鳴，食野之蒿。」屠呦呦用一株綠色的小草改變了世界，而她自己，仍然樸素、靜默得像一株普通的小草。

就像樸素的青蒿，用自己的綠色和清香的氣息，回報大地母親一樣，屠呦呦奶奶已近九十高齡了，但她仍然在用自己的寸草之心，回報著她一生都在默默地眷戀著、熱愛著的國家和人民。

那麼，這位慈祥的老奶奶和一株古老而神奇的小草的故事，我們該從哪兒講起呢？

對了，就從她的名字的來歷講起吧。

目錄

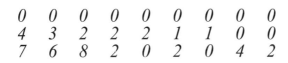

呦呦鹿鳴

一九三〇年十二月三十日，在浙江寧波城的開明街五百零八號的屠家，一個女嬰啼哭著，來到了這個世界。

屠家的主人，也就是這個女嬰的爸爸，名叫屠濂規，是個讀書人。他已經有了三個兒子，一直盼望著能再添一個女兒。這下可好了，當爸爸的如願以償，終於盼來了一個「千金」。

屠爸爸歡喜得手舞足蹈。在那個年代裏，一些知書達禮的人家，給新生的嬰兒取名字時，都喜歡從古代文學作品裏挑選一些美好的、典雅的和有書香氣息的字眼：給男孩取名字，喜歡從《楚辭》裏去挑選；給女孩取名字，喜歡從《詩經》裏挑選。於是，屠濂規就從《詩經・小雅》的一首〈鹿鳴〉裏，挑選出了「呦呦」這個疊音字，做了女兒的名字。

詩中反覆吟唱著這樣的場景：「呦呦鹿鳴，食野之苹。我有嘉賓，鼓瑟吹笙。……呦呦鹿鳴，食野之蒿。我有嘉賓，德音孔昭。……呦呦鹿鳴，食野之芩。我有嘉賓，鼓瑟鼓琴。」大意是說，小鹿們一邊呦呦鳴叫，一邊在田野上吃著青草。我家來了一位貴客，又是彈琴又是吹笙，好不熱鬧。……小鹿們一邊呦呦鳴叫，一邊在田野上啃吃青蒿。我家來了一位貴客，高尚的品德讓人誇耀。……小鹿們一邊呦呦鳴叫，一邊在田野上吃著芩草。我家來了一位貴客，又是彈瑟又是彈琴，動聽的音樂引來大家陣陣歡笑。

這個名字很美，不僅含著「呦呦鹿鳴，食野之蒿」這個文學典故，而且還寄寓著父母親希望自己的女兒長大後，能夠像田野上的青蒿和許多綠色的小草一樣，「誰言寸草心，報得三春暉」。

寧波城是一座古老的海港城，是中國古代海上絲綢之路的出發地之一。從這裏駛出去的一些貨船，可以遠渡重洋，到達日本、朝鮮和東南亞各地，甚至可以到達地中海沿岸。

呦呦家所在的開明街，位於寧波老城區的中心「蓮橋第」一帶。寧波最熱鬧的一些手工作坊和各種民間手藝人，都集中在「蓮橋第」一帶——造紙的、榨油的、釀酒的、做竹傘的、打鐵的、補鍋的、賣草藥的、做薑糖的、打豆腐的、打年糕的和賣其他各種小吃的……逢年過節的時候，還能見到演皮影戲和木偶戲的、踩高蹺的、玩雜耍的、做糖人兒的，甚至耍猴賣藝的。

老城區左鄰右舍此起彼伏的市聲，還有大清早從周邊農村趕過來賣豆腐、賣青菜、賣鮮藕的商販的叫賣聲，伴隨著小呦呦的幼年和童年時光。這座古老、熱鬧的江南小城，和住在開明街五百零八號的這戶人家一起，在靜靜地守護和等待小呦呦長大。

採藥的老爺爺

一九三六年，六歲的呦呦進入寧波一家私立小學——崇德女校，開始上學念書了。

崇德女校是當時寧波城裏第一所中西結合的女子學校。它的前身是寧波祝都橋女塾，由一位從英國來的傳教士艾迪綏女士，在一八四四年，也就是寧波城做為近代中國的一個口岸城市開埠的那一年創辦的。

因為學校採用的是中西結合的「新式教育」，而不是舊私塾裏常見的《弟子規》、《三字經》和「三從四德」那一套，所以那時候，只有思想觀念比較開通的書香人家，才願意把自己的孩子送到這樣的學校裏去接受教育。

那時候，一些小學分為「初小」和「高小」兩個階段，呦呦在崇德女校念的是「初小」。

每天放學回家的路上，呦呦都要走過一條長長的石板小巷。

快要走到轉角的地方，總是會遇見一位從城外回來的老爺爺。

老爺爺的背簍裏，裝滿了剛採回來的新鮮草藥。

這天，在放學回家的路上，呦呦又在小巷轉角的地方，等到了那位採藥的老爺爺。

老爺爺的背簍上還放著一束小樹枝，小樹枝上結滿了紅紅的野果。

小野果一定很甜很甜吧？呦呦一邊想，一邊跟著老爺爺往前走。

老爺爺走得慢慢的，呦呦也走得慢慢的。

走到一個小店鋪門口，老爺爺停了下來，放下了背簍，把草藥一樣一樣地擺在門口的曬籮裏。

「咦，妳這個小姑娘，天快黑了，怎麼不回家啊？」老爺爺發現呦呦之後問道。

「爺爺，這些小紅果，一定很甜很甜吧？」呦呦伸著舌尖，舔著薄薄的小嘴唇說。

「哦，妳是說這些野山楂啊？來，妳嘗嘗，甜不甜呀？」

老爺爺挑出野果最多的兩根小樹枝，遞給了呦呦。

「甜不甜呀，小姑娘？」

「甜，好甜！還有一點酸，謝謝爺爺！」

「這些野山楂啊，也是爺爺採回的藥材哦。」

老爺爺一邊說著，一邊輕輕擺開那些綠色的草藥。

「爺爺，你為什麼要把小草晾乾呀？」呦呦又好奇地問道。

「哦，這可不是普通的小草哪，它們都是寶貴的草藥。」老爺爺是寧波城裏的一位中醫，這個小店鋪，就是他的中藥鋪。老爺爺指著一面牆壁上的櫃子說，「妳看哦，那邊每個小抽屜裏，都裝著曬乾的草藥。這叫車前子，這叫蒲公英，這是遠志，這是柴胡……」

老爺爺一邊咬一咬、嘗一嘗曬籮裏草藥，一邊說著這些草藥的名字。

「爺爺，草藥真的能救治病人嗎？」

「當然能，當然能啦！」老爺爺拿起一株草藥仔細看著，好像在看有沒有碰掉草藥的絨毛。

「爺爺，草藥都長在哪裏呀？」

「大山上啊，田野上啊，還有樹林裏，愈是寶貴的藥材，愈不容易找到呢！所以哪，爺爺經常要背起背簍出去找啊，採啊……」

老爺爺的話聽得小呦呦都忘了回家吃飯。

彎彎的月亮升起來的時候，媽媽沿著小巷找到了這裏。

「你好啊，採藥爺爺，又採回不少新鮮草藥呀！」

「是呀是呀，哦，原來是妳家的小姑娘！妳看，都忘了回家吃飯啦！」

「媽媽妳看，爺爺給我的野果，爺爺，明天再見哦！」

呦呦舉著捨不得吃完的一枝紅山楂，牽著媽媽的手，走過長長的石板路小巷。彎彎的月亮掛在樹梢上，就像繫在樹梢上的一隻小小的船兒。

每天晚上睡覺前，是媽媽給呦呦講故事的時間。

今天，媽媽給呦呦講的，就是採藥爺爺的故事：

有一位失明的奶奶，吃了老爺爺的草藥，慢慢地又能看見了。

還有一個被毒蛇咬傷的小哥哥，本來要鋸掉一條腿的，因為敷了老爺爺搗的草藥，小哥哥的腿保住了。

還有一位得了傷寒的農夫，也是喝了老爺爺給他熬的中藥，又能下田幹活了……

「好神奇的小草呀！」呦呦依偎著媽媽說：「媽媽，我長大了也像老爺爺一樣，去山上和樹林裏採藥好不好？」

「好啊好啊，小呦呦也要當採藥人嘍！以後我們全家人再也不怕生病啦！」

從這以後，每天放學回家的時候，呦呦總會站在小巷轉角的地方，等著採藥回來的老爺爺。

有時候，呦呦還會跑去看看老爺爺的中藥鋪。門前的曬籮裏總是晾曬著各種草藥……

呦呦真的迷上神奇的小草了！

她常常趴在綠色的「星星草」邊，仔細地聽蚯蚓在泥土下面唱歌；她和小夥伴在小路邊採來「扁擔草」，一起玩「劈草」的遊戲；跟著爸爸、媽媽去田野裏玩耍，她採到了嫩嫩的「茅針草」……

「媽媽，給妳，茅針草吃起來甜甜的哦，不信妳嘗嘗呀！」

「咦，呦呦，誰告訴妳茅針草是甜甜的啊？」

「我自己嘗出來的呀！這是金櫻子，給爸爸的。」

「什麼？妳還知道金櫻子？」

「當然啦，小心，爸爸，金櫻子身上的小刺會扎人的，可是吃起來也很甜哦！」

也許，正是從認識了這位採藥的老爺爺開始，小呦呦對綠色植物，尤其是那些長在山野上的綠色草藥，產生了深深的好奇。

有時候她會對著書本，呆呆地想道：假如有一天，我也能像老爺爺一樣，每天背著採藥簍子，去山野上採來好多草藥，去幫助那些生了病、受了傷的人恢復健康，該有多好啊！

許多年後，當她長大了，果然帶著小時候的夢想，考進了北京大學醫學院。在這裏，她真的可以好好研究那些神奇的小草了。而且，放了暑假的時候，她也像小時候遇到的那位採藥老爺爺一樣，戴上草帽，背起背簍，每天都去大山上、田野裏，尋找神奇的小草。

她的實驗室裏，也擺滿了各種各樣的小草。她在做實驗的時候，也經常要親口咬一咬、嘗一嘗這些小草，就像小時候那位老爺爺一樣。

當然，這都是後話了。現在，呦呦還只是一個小學生。通往未來的路，還很長很長；知識寶庫的大門，剛剛開始向她敞開；美好的夢想的翅膀，也像鳥巢裏的那些小鳥的翅膀，還沒有長出豐滿的羽毛呢！

這個梳著小小的麻花辮子的小姑娘，每天都會迎著晨光走向學校。放了晚學的時候，除了採藥老爺爺的中藥鋪，還有一些小巷和幾個讓她嚮往的地方，她也經常和幾個要好的小夥伴們一起去光顧和流連一番。

哦，那是些什麼地方呢？

在外婆家

呦呦的外公和外婆家，也在開明街上，門牌號是二十六號。

呦呦的外公名叫姚傳駒，字詠白，曾經當過銀行行長，還做過政府裏管理財政的高官。姚家也是當時寧波城裏的名門望族。

外公外婆家的宅子很大，有前廳、正廳、正樓和後屋。從正樓到後屋，要經過一個寬敞的庭院，院子裏還長著高大的桂花樹。一到秋天，滿院子飄著淡淡的桂花香。

呦呦小時候可喜歡去外婆家了。外婆會給她講好多民間故事，還會教她念一些有趣的兒歌。呦呦記得有一首〈跑跑跑〉：

跑跑跑，
跑往上埠橋。

你快跳，我快跑，
那裏還有楊梅還有桃。

搖搖搖，
搖往下埠橋。
不要哭，不要叫，
那裏還有餅兒還有糕。

在外婆家，還有一個人最疼愛小呦呦了，那就是呦呦的舅舅。呦呦的舅舅名叫姚積坤，字慶三，是一位有名的經濟學家。一九二九年，在呦呦出生的前一年，姚積坤從復旦大學畢業後，去了法國留學，後來畢業於著名的巴黎大學政治經濟系。回國後，他一邊在上海交通銀行任職，一邊著書立說。姚積坤撰寫的《財政學原論》，成為中國現代最早的財政學教科書之一。

呦呦從小就崇拜舅舅有學問，是舅舅的「小粉絲」。舅舅也很喜歡呦呦，覺得呦呦聰穎伶俐，無論對什麼事情都充滿好奇心，喜歡不斷地追問。舅舅曾開玩笑地說：「好奇心，是一切求知和做學問的源頭，我們的小呦呦，將來說不定要當科學家的呢！呦呦，加油哦！」

藏書樓

除了開明街二十六號的外婆家，呦呦小時候還喜歡和小夥伴們一起去的一個地方，就是寧波城的那座著名的藏書樓「天一閣」了。

現在，寧波人都喜歡用「書藏古今，港通天下」這八個字來形容自己的這座城市，並引以為自豪。「書藏古今」，指的就是「天一閣」這座聞名中外的藏書樓。

「天一閣」始建於明嘉靖四十至四十五年（一五六一至一五六六年），是當時一位退居家鄉的官員范欽主持建造的一座私人藏書樓，至今已有四百多年的歷史。這位范欽先生雖然是朝廷裏的「武官」（兵部右侍郎），但是很喜歡讀書和收藏圖書典籍，一生收藏的各類圖書典籍達七萬多卷。他解職回到家鄉後，耗費了五年時間，建造了這座藏書樓，用來存放和保管自己的藏書。

藏書樓最初的名字叫「東明草堂」。這個名字看上去顯然太過「簡樸」了，而且，「草堂」恐怕容易著火吧？火可是圖書最大的「天敵」呢！後來，范欽從《易經注》這本古書裏看到了「天一生水……地六承之」這個句子，想到水可以滅火，於是就給新建的藏書樓取名為「天一閣」，還在建築的佈局上，採納了「天一地六」的格局，在樓的四周建造了水池，「以水制火」，用來預防火災。

范欽先生是在明萬曆十三年（一五八五年）去世的。去世前，他把全部家產分成了藏書和其他家產兩部份。他的長子名叫范大沖，自願放棄了其他家產的繼承權，選擇繼承了父親收藏的七萬多卷藏書。

從此，「天一閣」藏書樓就形成了「代不分書，書不出閣」的祖訓，就是說，每一代人可以分家，但是藏書樓是一個整體，不可瓜分；藏書樓裏所有的圖書，也不准拿出樓外。

范大沖繼承了「天一閣」的藏書後，不但維護、補充和完善了父親的藏書，還建立起了一整套保護「天一閣」藏書的嚴格族規。比如說，所有藏書歸范家子孫共有，如果不是各房一起集齊了書櫥的鑰匙，誰也不得隨便開鎖登樓，等等。

這些族規，一直到了明末清初，才稍有鬆動。

一六七六年，范家的後人范光燮，第一次把「天一閣」收藏的一百多種典籍，抄寫出來，供一些做學問的人閱讀參考。范光燮還第一次破例，讓大學者黃宗羲，進入藏書樓，翻閱裏面的藏書。

黃宗羲是明末清初的思想家，也是第一個被准許進入「天一閣」藏書樓的外族人。

黃宗羲後來為「天一閣」編製了藏書書目，還撰寫了〈天一閣藏書記〉，稱讚和希望范氏的後人，能繼續像保護自己的眼睛一樣，保護「天一閣」的藏書。

「天一閣」不僅是寧波城裏最有名的一處古蹟，也是中國現存最古老的私家藏書樓，還是亞洲現存最古老的圖書館、全世界最早的三大家族圖書館之一。

呦呦很早就聽外公、舅舅和爸爸講過這座藏書樓。她想像著，這也許是一座神奇的寶庫吧？就像《天方夜譚》故事裏的藏寶洞一樣。

所以，有時候放了晚學，或者在星期天，呦呦會約上要好的小夥伴，來到「天一閣」下面玩耍。

爸爸和媽媽當然也不反對啦。爸爸說：「經常到天一閣那裏轉轉，可以多沾染一些書香和文氣哦！寧波城的文脈，就藏在哪裏喲！」

爸爸有閒暇的時候，也會帶著呦呦去天一閣那裏轉轉看看。爸爸指著「雲在樓」上的一幅字，一邊念給呦呦聽，一邊還給她解釋對聯的意思：「山中雲在意入妙，江上風生浪作堆。」

呦呦從小就記住了這幅對聯，覺得它字面好美。

爸爸還告訴呦呦說：「寫這幅對聯的人，名叫徐時棟，人們都稱他為『柳泉先生』。」

「爸爸，這位柳泉先生，也是寧波人的驕傲嗎？」

「當然啦，呦呦，這位老先生，可是一位了不起的大學問家和書法家喲！對了，他也是一位大藏書家呢！走，爸爸帶妳去桂花井，看看這位徐老先生的藏書樓去。」

桂花井，也是寧波城裏一處名勝，坐落在月湖西岸的桂井巷口，離聞名遐邇的「天一閣」隔著不過幾條小巷。被人們稱為「柳泉先生」的徐時棟家的一所百年老宅子，就在桂井巷口，寧波人都把這裏叫桂花井。

這一天，小呦呦跟著爸爸來到桂花井。爸爸指著老宅子裏的一座最高的樓房說：「呦呦妳看，那座樓房叫『煙嶼樓』，又叫『戀湖書樓』，這是那位徐老先生從小到大讀書的地方，其實也是一座藏書樓，樓上還有他專用的讀書室，名叫『神清室』，意思是說，讀書可以讓人神清、讓人靈秀……」

「哇，寧波城裏有這麼多大學問家啊！」呦呦望著那座讀書樓，笑著問：「爸爸，什麼時候，我也能變得這麼有學問呀？」

「所有的學問，都是靠著勤奮，一點一點地積累起來的。就像天一閣這樣的大藏書樓，也是靠著一本書、一本書慢慢積累起來的。還有天下那些最美的青山，不也是一層岩石、一層岩石地，慢慢地疊起來的嗎？呦呦，不用著急，只要妳勤奮好學、用心念書，有一天，妳也會變成有學問的人的！」

「真的嗎，爸爸？」

「當然是真的啦，妳要加油哦，呦呦！」

呦呦把爸爸的叮囑牢牢地記在了心裏。

戰爭的災難

寧波的簡稱是「甬」。甬，原本是一個象形字，意思是大鐘。在寧波鄞州、奉化兩地境內，有座大山的峰巒形態很像倒扣的大鐘，被稱為「甬山」（現在也叫塔山）；甬山下的那條大江，就叫「甬江」。寧波簡稱為「甬」，大約由此而來。

生長在浙東大地上的人們，因為注重農桑、蠶絲等手工業，水路縱橫，又瀕臨遼闊的東海，歷來就有出海經商的經驗和傳統。所以，這片土地歷來就美麗富庶，也多有書香人家。其實早在七千年前，先民們就在這裏繁衍生息。中國遠古歷史上燦爛的河姆渡文化，就是在這裏發源的。如今在中國乃至全世界各地經商的寧波籍商人，被稱為「甬商」，與赫赫有名的晉商、徽商、楚商等齊名。

在這片土地上，自古以來也流淌著奉化江、姚江和甬江三條大江，三江匯合的地方，人稱「三江口」。寧波的一代代兒女，離不開這三條「母親河」般的江水。

因為寧波城內外江湖相通，縱橫交錯，形成了一張巨大的「水網」，所以，各種大小橋樑對城市來說，也就變得極為寶貴了。寧波城裏有很多老橋，其中最有名的一座帶有標誌性的老橋，要數橫跨在奉化江上的靈橋。

靈橋，是寧波城裏的社會賢達和工商界人士，聯絡了在上海經商的一些寧波人，合力建成的。這是連通著奉化江兩岸、美如彩虹一般的一座大鐵橋，一九三六年五月二十五日正式投入使用。

然而，僅僅過了一年多的時間，震驚中外的「七七事變」爆發了。一九三七年八月，日寇空襲上海。近在咫尺的寧波城，也不斷遭受日軍飛機的轟炸。為了安全起見，寧波城很多人家都開始了逃難。有的市民不願遠離自己的故土家園，敵機一來，就只好就近跑到臨時挖好的簡陋防空洞裏避難，當時市民們稱為「跑轟炸」。

日軍飛機接連不斷、發瘋一般地轟炸著寧波城的街市，無論是有著「走遍天下，不如寧波江廈」美譽的江廈街，還是屠呦呦家所在的商鋪林立的開明街，幾乎都變得一片狼藉。

令人痛心的是，那座讓寧波人感到驕傲的大鐵橋——靈橋的橋面，也被幾枚炸彈炸出了幾個大窟窿……

在一次次大轟炸中，有三萬多名手無寸鐵的寧波平民被炸死炸傷；有的人家的祖屋老宅子，在一夜之間被夷為廢墟。

這是日寇發動的侵略戰爭給寧波這座老城帶來的慘痛記憶！

這時候，一些學校也被迫遷到了偏遠的山區避難。

例如寧波中學，當時就遷到了鄞縣一個叫胡家墳的小村裏。到一九三九年夏天時，京、滬、杭都已淪陷，學校又不得不遷到更為偏遠的嵊縣（今浙江省嵊州市）長樂鎮太平村暫為落腳。

覆巢之下，豈有完卵？屠呦呦就讀的崇德女校，也沒能倖免於難。這所女校有好幾處教室，也被飛機扔下的炸彈給炸毀了！

怎麼辦呢？為了保護師生免遭不測，同時也為了給危難之中的中華民族保存下幾粒教育和文化的種子，崇德女校也和其他幾所學校一樣，不得不遷到山區避難。

當時，崇德女校的中學部，遷到了奉化一個名叫亭下村的小村裏，借用了村裏的沈家祠堂，繼續開課。小學部的學生們因為年齡太小，無法適應小山村簡陋和艱苦的生活，所以只好暫時休學，有的回家自修，有的轉學到了外地。

屠呦呦轉到了鄞縣私立鄮西小學高小（今寧波市實驗小學）繼續上學。

戰爭是殘酷的，留在屠呦呦童年記憶裏的戰爭，也是刻骨銘心的。其中最讓她和所有寧波人感到恐怖的，是日寇在寧波投下的生化細菌炸彈！

上海淪陷後，北臨杭州灣的寧波，成為當時通向浙東和內地唯一的一座重要港口城市。

可是，日軍幾次進攻寧波，都受到了當地軍民的殊死抵抗。日寇法西斯發現用強攻的手段難以攻下寧波，就喪心病狂地使用了「細菌彈」，在寧波城區的開明街和郊區，製造了恐怖的「鼠疫區」。

這是一種惡魔般的戰爭手段！日軍利用鼠疫桿菌，把無辜的中國平民作為「試驗品」，寧波開明街一帶，成了他們選定的一個攻擊點和試驗場。鬼子們像惡魔一樣，邁出了踐踏人類基本道義的瘋狂的腳步，寧波也進入了歷史上最為黑暗和恐怖的一段日子……

一九四〇年十月二十七日，早晨七時許，陰雲密佈的空中，突然又響起一陣陣空襲的警報聲。

城裏的老百姓還沒有來得及躲避起來，一架日本轟炸機像巨大的蝗蟲一樣飛來了。在寧波城區上空盤旋了一圈後，這架飛機迅速俯衝而下……

奇怪的是，飛機並沒有扔下炸彈，也沒有瘋狂掃射，而是投下了大量麥粒和麵粉，大部份散落在市區中心的開明街一帶。

一瞬間，開明街一帶的屋頂上和天空中，都瀰漫著一片淡黃色的煙霧，像麵粉造成的雲霧，但屋瓦上又分明發出了像下雪時發出的「沙啦啦」的響聲。

這是怎麼一回事呢？市民們都感到驚奇和惶恐。

當日下午兩點左右，日本轟炸機再次飛到寧波上空，又投下了一些麵粉和麥粒。

有的市民沒去多想，竟然帶上笤帚和麵籮，準備清掃和收集屋頂和地面上的麥粒。畢竟，戰亂的年月裏，市民的口糧還是稀缺的。

可是，細心的人們很快就吃驚地發現，麥粒和麵粉裏竟然夾雜著一些小小的、能夠蹦跳的活物。仔細一辨認，原來是跳蚤！

跳蚤很快就進入了開明街上的人家裏。屠呦呦家裏也跳進了不少跳蚤。這些跳蚤一旦叮咬了人的皮膚，皮膚上就會腫起紅色的小包，瘙癢難忍。

這天晚上，寧波下了一場大雨。

人們只顧著拍手慶幸，突降的大雨幫助大家沖刷和清掃了屋頂和地面上的跳蚤，可是並沒有想到，雨水同時也把那些麥粒和跳蚤，沖進了水井裏、蓄水缸裏。

果然，沒過幾天，呦呦的爸爸就從外面帶回了一個不幸的消息：住在開明街口的一家開豆漿店的夫婦，竟突然雙雙暴斃身亡了！

接著，開明街上又有不少人家裏，傳出了可怕的噩耗。離呦呦家不遠的王順興餅店、胡元興骨牌店，還有元泰酒鋪等，都有人在持續的高燒中失去了生命。

沉重的陰影，籠罩在寧波城上空。

醫院裏很快就經過化驗和診斷，得出了結論：造成這麼多市民暴斃的原因，是感染了鼠疫！

原來，日軍的飛機投下的麵粉、麥粒裏夾雜的跳蚤，是一種致命的「細菌武器」。這是國際公約中絕對禁止使用的、滅絕人性的「武器」，而瘋狂的日寇卻對無辜的寧波市民進行了這種「細菌」戰。

——後來，戰爭史學家說，日寇在寧波犯下的罪行，也是世界戰爭史上，外國侵略者首次大規模對入侵國家的平民使用細菌武器，開了一個前所未有的罪惡的先例！

僅僅在幾天之內，寧波城裏先後就有一百三十多人感染了鼠疫，不治而亡。當時，為了防止疫情擴散和蔓延，市府把整個開明街列為「疫情區」，還砌起了高高的圍牆，把這個區域隔離了起來。

這道長長的高牆，留在屠呦呦童年的記憶裏，讓她第一次真切地感受到了殘酷的戰爭給人們帶來的巨大災難。

當時，呦呦和她的家人算是萬幸，沒有受到鼠疫的感染。但是，眼前的現實是殘酷的。這年十一月三十日，再過一個月，呦呦就要迎來十歲生日的時候，市府發佈了一個通告：為了杜絕鼠疫的擴散，凡是被隔離在疫情區裏的房屋，立刻全部焚毀！

通告一發佈，曾經是店鋪林立、叫賣聲不斷、孩子們的歡笑聲不斷的開明街，立刻變成了一片火海……

大火足足燃燒了四個多小時，開明街兩邊的一百一十五戶人家的房子，有的還是百年的老祖宅，全部化作了廢墟和焦土。

在一片火光中，呦呦緊緊地牽著爸爸和媽媽的手，默默地流著傷心的淚水……童年的家園不在了。呦呦覺得，自己也不再是小孩子了。她好像在一夜之間長大了！「日本鬼子……細菌武器……病毒……」呦呦第一次對這些字眼有了深刻的認識，它們也像傷口一樣，銘刻在呦呦的記憶裏。

病中的小女孩

開明街五百零八號的家被燒毀了，幸好住在二十六號的外婆家，是在隔離區以外。呦呦只好跟著父母，搬到了外婆家住下。

她在外婆家一住就是十年，一直住到了一九五一年，她離開寧波去北京上大學為止。

我們在前面講到過，呦呦的爸爸屠濂規，是一位讀書人，接受過良好的新式教育。因此，他對子女的教育也盡心盡力，即使是在戰亂頻仍、生活艱辛的年月裏，也沒有耽誤孩子們的學業。呦呦和她的三個哥哥一樣，都接受了完整的教育。

屠呦呦保存著哥哥恆學贈給她的一張照片，照片背面還有哥哥寫給她的幾句勵志的贈言：

呦妹：

學問是無止境的，所以當妳局部成功的時候，妳千萬不要認為滿足。當妳不幸失敗的時候，妳亦千萬不要因此灰心。呦呦，學問絕不能使誠心求她的人失望。

兄　恆學贈於龍口

三三．一．一〇

民國三十三年即公元一九四四年，這一年呦呦十四歲，已經從鄞縣私立鄮西小學高小畢業。從哥哥贈給妹妹照片和贈言這樣的細節裏，不難想像屠家良好的家教與家風，還有兄妹之間互相勉勵和愛護的溫暖親情。

一九四三年秋至一九四五年秋，呦呦先是進入鄞縣私立器貞中學女生部讀初一和初二，一九四五年九月又轉入私立甬江女子中學讀初三。

甬江女子中學是一所百年老校，它的前身是寧波女塾，也是中國的第一所女校。現在，在女校的原址上，已建起了「寧波教育博物館」。

一九四五年屠呦呦入讀該校時，原來的教學樓已經被日本侵略者的炸彈炸毀，學校只得暫時借用附近聖模女子小學的校舍，加上一戶姓裴的大戶人家的宅子，作為初中部和高中部一共六個班的臨時教室。當時，初中部約有三百多名學生，雖然處在戰亂年月，但學校仍然想方設法，開設了十多門課程，包括公民、國文、數學、英語、物理、衛生、音樂、勞作、歷史、地理、童軍、體育等課程。

女校還有一個傳統的校規：學生在校一律要穿校服，夏天要穿裙子，春天、秋天和冬天要穿黑布旗袍。這種穿著看上去樸素大方，又有儀態莊重的淑女風範。整個女校反對華而不實、一味追求「摩登」的不良風氣，提倡女生要養成一種不在穿著打扮上過分的分心，不追求虛榮，勤儉節約的好習慣。學校裏還有鋼琴等西洋樂器，旨在提高女孩子們的藝術修養。

在學校裏有這樣良好的氛圍，回到外婆家，更是經常受到外婆、外公和舅舅的百般呵護和諄諄教誨，接受著這個在寧波赫赫有名的書香之家的熏染，一直處在戰爭的驚嚇和憂愁中的呦呦，漸漸變得平靜和樂觀起來……

可是，好景不長。到了初三下學期末，呦呦突然生了一場大病！

她先是覺得忽冷忽熱，冷起來渾身顫抖，一熱起來就會發起高燒，有時燒得神志不清。

爸爸請醫生來家裏給呦呦就診，經過仔細診斷，醫生對呦呦的爸爸說：「情況有點糟，這孩子是得瘧疾了！」

瘧疾，在民間又叫「冷熱病」，俗稱「打擺子」。一般是在潮溼和溼熱的夏季，由蚊蟲等叮咬之後傳染的。

那時候，一般老百姓對瘧疾還缺少科學認識，把它視為「瘟病」，大有「談虎色變」的恐懼感。

呦呦的爸爸對瘧疾的形成原因是瞭解的，得知呦呦被確診為瘧疾，就稍稍安心了一點。

「只要能買到奎寧，就能治好呦呦的病。」呦呦的爸爸安慰媽媽和外婆等家人說，「奎寧雖然稀缺，但只要有，多少錢也得買！」

給呦呦看病的醫生卻搖搖頭，歎息著說：「現在，別說在大大小小的醫院裏，就是在黑市上，恐怕也難以買到奎寧了，都被該死的日本鬼子給搜羅走，嚴格控制起來了。」

「這樣啊？」呦呦的爸爸一聽，知道事情沒有他想得那麼簡單，「那該怎麼辦啊？這樣下去，孩子的身體愈來愈虛弱……」

「買不到奎寧這種西藥，看來只好使用我們的傳統中藥了！」醫生建議說。

於是，爸爸趕緊根據醫生的吩咐，去離開明街不遠的藥行街，請來了一位老中醫。

藥行街是寧波城裏有名的中藥街，窄窄的街道兩邊，全是中藥鋪。比較有名的老字號藥鋪，像「全生堂」、「壽全齋」、「太乙齋」、「慎德堂」等，就連北京的「同仁堂」，天津的「童涵春」、「蔡同德」等老字號藥店，也在這裏坐莊辦貨。

呦呦小時候放學路上經常遇到的那位採藥的老爺爺，還有他的中藥鋪，就在這條街上。因為滿街都是中藥鋪，一年四季都飄散著草藥味兒，所以日子久了，這條街就被人們稱為「藥行街」。

老中醫給開了一個專治「打擺子」的中藥方子。

呦呦的媽媽每天用藥罐仔細地熬啊、熬啊，熬出了濃濃的，像黑咖啡一樣黑也一樣苦的藥湯，讓呦呦喝下去。

這麼苦的中藥湯，實在是太難喝了！何況藥罐裏還飄散出難聞的草藥味兒。

呦呦每次喝中藥時，幾乎都是捏著自己的鼻子，含著眼淚灌下去的！

「爸爸，草藥太苦了，真的很難喝啊！」呦呦眼淚汪汪地望著爸爸說。

「呦呦，古人不是說『良藥苦口』嗎？世界上哪有不苦的藥呢！忍一忍，一口氣喝下去，妳的病就會好起來的！」爸爸雖然心疼女兒，但還是一次次地鼓勵呦呦，喝下了媽媽熬出的中藥。

也真是見效呢！媽媽一連熬了幾天草藥，讓呦呦喝下去後，呦呦的病竟然痊癒了。原來，中藥真有這麼神奇啊！就像小時候遇到的那位老爺爺說的一樣，真的能給人治病療傷，幫助病人恢復健康啊！

這是呦呦第一次親身體驗到了中草藥的神奇功效。從此以後，她對寧波城的藥行街，就更有好奇心，也更有好感了。

身體恢復了健康之後，一向好奇心很重的呦呦，從舅舅和爸爸的書櫃裏找來一些書，想弄清楚自己所患的瘧疾，究竟是怎樣一種疾病。

原來，在十九世紀末、二十世紀初葉，瘧疾是一種嚴重危害人類健康的傳染性疾病。

當時，世界上每年至少有三億人患上瘧疾，每年大約有三百萬人死於瘧疾。

一八九九年，英國醫生、微生物學家羅斯，不顧個人安危，率領一個醫學考察和探險隊，深入到了瘧疾猖獗的西非地區，經過三個多月的實地考察，終於在蚊子的胃腸道中，發現了一種可怕的微生物瘧原蟲的卵囊，從而證實了自己的判斷：瘧疾是由瘧蚊傳播的。

找到了原因和證據，也就為今後瘧疾的防治找到了方向。羅斯醫生在後來的日子裏，勇敢地進入多個瘧疾高發地區，探明了瘧疾病因，被稱為「與蚊子交手的人」。因為在發現瘧疾病因上為人類做出的巨大貢獻，他榮獲了一九〇二年諾貝爾生理醫學獎。

呦呦還在一本科學故事書上，看到了羅斯小時候的一個故事。羅斯小時候，媽媽不允許他跑到大街上去玩耍，有時候為了管住他，就把他關在屋裏。

「聽媽媽的話，你暫時不能出去玩耍的，街上的瘴氣鬧得可凶啦！」媽媽嚇唬他說。

「瘴氣？什麼是瘴氣？」小羅斯不解地問道。

「那是一種熱症，又叫瘧疾，它一直在威脅著我們的健康，可厲害啦！」

「媽媽，我們不是有『金雞納霜』嗎？吃了『金雞納霜』藥，不就可以放我出去玩了嗎？」

小羅斯記得，媽媽曾經給他講過，「金雞納霜」這種藥可以防治很多疾病。

「不，孩子，現在金雞納霜也不管用了，這條街上差不多每家都有感染上瘧疾的人，你還是別出去了，萬一傳染上了瘧疾，那可就不得了啦。」媽媽制止了小羅斯。

「那有什麼藥可以治好瘧疾呢？瘧疾真的是這麼可怕嗎？」

「瘧疾」這個有點恐怖的字眼，從此留在小羅斯的記憶裏。

原來，羅斯能選擇醫生這個職業，跟他小時候的記憶有關，呦呦想道。

一八九二年，羅斯帶著小時候的好奇和記憶，開始了研究瘧疾的工作。每逢夏季，他便背起小包，奔赴瘧疾流行的地區。在一次考察時，羅斯也染上了瘧疾，而且非常嚴重，在路上昏迷了過去。醒來時，他發現自己躺在一張破竹床上，有一位慈祥的老人守在床邊。老人見他醒來，欣喜地說：「還是醫生的命大啊！在我們這兒，每年都有好多人因為這個病死去。你真是太幸運了。」

羅斯拉著老人的手說：「先生，我該怎麼感謝您呢？」

「千萬別這樣說，你是研究瘧疾的醫生，是來解救我們的。」老人端來食物放在床邊，「沒什麼好吃的，就吃這個吧，這裏的蚊子真是太多了。」說著，老人用手去驅趕那些討厭的蚊子。

羅斯望了一眼亂飛亂竄的蚊子，發現蚊子們都圍繞著食物飛動。羅斯心裏頓時一亮：這麼多的蚊子，有沒有可能，瘧疾就是這些傢伙傳播的呢？他再一聯想，凡是瘧疾盛行的地區，蚊子的確要比別的地方多得多。於是，他一躍而起，一把抓住老人的手：「太感謝您了，我得趕緊去抓住這些蚊子了！」

經過幾年艱苦的實驗，羅斯前後化驗了一萬多隻蚊子，終於在蚊子的腸胃裏發現了瘧原蟲。羅斯沿著他的想像，繼續深入研究，不久他又發現，雌蚊的胃壁上長著很多長絲，整齊地伸向唾液腺，瘧原蟲就是順著這些長絲到達唾液腺的，蚊子在叮人的時候，同時把瘧原蟲注入人體，人就會染上瘧疾。

羅斯的發現說明，只要儘可能地避開和消滅蚊子，就可以預防瘧疾的傳播。羅斯的這個發現，為人類遏制瘧疾的肆虐，指明了方向，也使無數的人免於瘧疾的危害。

後來，羅斯擔任了用他的名字命名的英國熱帶病研究院的總院長。在一次大院的紀念會上，他說：「在這個世界上，有很多病人是死於名醫之手的，而不是死於瘧疾！」

這句話，激勵了很多醫生和醫務工作者，自覺地去解決醫學上的難關；也讓普通人明白了一個道理：生命需要健康，不要過度依賴醫生和醫院，遠離不健康的一切，講究衛生，預防疾病，健康生活，才是最重要的。

十五歲的屠呦呦，因為這一場病，認知了中草藥的神奇功效，也讓她對羅斯醫生在瘧疾研究上的貢獻，有了初步的瞭解。

她不會想到，未來有一天，她也會走上一條與羅斯相同的道路。她也將因為與瘧疾多次「交手」，而最終成為一位享譽世界的藥學家。她將用一株神奇的小草，用中國的傳統草藥，去拯救人類的生命，去改變這個世界！

風華正茂

生於戰亂年代，長於憂患歲月，屠呦呦正當青春花季，心裏頭卻裝滿了沉重的心事。但是，「國破山河在，城春草木深」。戰亂的夢魘裏，依然生長和綻放著蓬勃美麗的希望之花。

少年強則國強，少年智則國智。呦呦的爸爸深知這個道理。所以，無論生活多麼艱難，他都會想方設法，讓孩子們安心念書，不要荒廢了學業。呦呦也確實是屠家的又一顆「讀書種子」，不僅勤奮好學，而且是「家事、國事、天下事，事事關心」。因為爸爸、媽媽和哥哥們的引導，因為外公、外婆和舅舅的影響，呦呦漸漸懂得了「天下興亡，匹夫有責」的道理，也從親人們的身上，感受到了什麼是「民族大義」，什麼是「家國情懷」。

一九四六年，呦呦十六歲。這個剛剛經歷了一場瘧疾折磨的女生，本以為身體已經痊癒，可以好好去完成自己的初中學業，像哥哥們一樣，朝著更高的「書山」去攀登，朝著更遼闊的「學海」去遨遊……可是，就在這一年，又一場災難，降臨到了這個花季女生的頭上——她不幸染上了肺結核病。

肺結核，民間俗稱「癆病」。在舊中國，肺結核也是一種讓人「談虎色變」的疾病，甚至幾乎就是「絕症」的代名詞。肺結核還是一種傳染病，得了肺結核的病人，一般需要隔離治療。

這樣，呦呦就不得不暫時從甬江女子中學休學回家，一邊吃藥治療，一邊調理身體。

在休學養病的這段日子裏，她吃了不少西藥，但是更多的時候，仍然是喝媽媽給她煎熬的中草藥。

中草藥的味道當然還是那麼苦，苦得呦呦有時只好捏緊自己的鼻子，忍著眼淚往下灌。

呦呦現在已經懂得了「良藥苦口」的道理，也有了喝中藥湯的「經驗」。一連兩次生病，雖然讓她正在成長的身體備受折磨，但也讓這個勤奮好學的小女生對中國傳統的中草藥有了愈來愈濃厚的興趣。

有一天，她躺在床上，一邊看著媽媽在小爐邊輕輕搧著扇子，為她煎草藥，一邊想道：既然肺結核病的危害這麼大，醫學家為什麼就不能找到根治它的方法呢？既然中醫有方子來治療這種疾病，那麼，中草藥裏一定還隱藏著更多不為人知的祕密，一定還有治療其他疾病的神奇力量吧？……

雖然還只是一些朦朦朧朧的想法和想像，但是這些想法和想像，卻像種子一樣，悄悄地埋在了少女屠呦呦的心裏，就像麥粒悄悄地落進了泥土裏一樣。

這場病，讓呦呦休學在家兩年多時間，一直到一九四八年初，她的肺結核病痊癒了，才以初中畢業生的身分進入寧波私立效實中學，開始讀高中一年級。

休學的這段日子裏，只要病情有所好轉，能夠下床活動了，爸爸那間藏有不少古籍的書房，就成了她最喜歡待的地方。

只要是她有興趣的書，無論是科學的、歷史的、文學的，還是醫學的、自然方面的，她都喜歡從書櫃裏抽出來翻看一番。

爸爸的書櫃裏有一些中醫內容的書，像《神農本草經》、《本草綱目》啦，等等，除了文字，每一種草藥還都有插畫可以幫助辨認。呦呦很喜歡看這類書，從中不僅瞭解了一些草藥的藥性知識，還對照著圖畫，認識了不少其他植物。這些植物，呦呦平時也許只聽說過它們的名字，卻並不知道它們長什麼樣子。

寧波效實中學，是由中國早期的物理學家何育傑先生聯合當時一些懷著科學救國夢想、志同道合的科學家，以及寧波的一些社會賢達、實業家，於一九一二年創辦的一所私立中學。

「效實中學」的校名，源於何育傑和朋友們一起創辦的「效實學會」。這個學會的成員都是一些富有家國情懷和社會責任感的有志之士，他們創辦學會的宗旨是「以私力之經營，施實用之教育，為民治導先路」。學校剛創辦的時候，校址是暫借的寧波西門盤詰坊育德農工小學堂的校舍。五年後，效實中學名聲遠播，凡是從該校畢業的優秀生，可以免試直接升入上海復旦大學、聖約翰大學、光華大學這三所大學。抗戰期間，效實中學還在上海設立了分校。

屠呦呦的爸爸屠濂規的中學母校，就是效實中學。所以，呦呦進了效實中學，與自己的爸爸成了「校友」。

效實中學以「忠信篤敬」為校訓。爸爸告訴呦呦說：「這個校訓裏的每一個字，都包含很多內容。簡單說來，忠，就是要求學生們忠於國家、忠於理想；信，就是要講究誠信、信守初衷；篤，就是要有堅定的毅力和求知的恆心；敬，就是對父母、天地、自然、生命，要心懷敬畏和敬愛之心。」

正是因為有了這樣的教育理念和教育夢想，這所中學先後培養出了化學家紀育灃、生物學家童第周、土壤化學家李慶逵等許多傑出的科學家和中國科學院院士。

一九五六年，效實中學改為公立學校，更名為寧波第五中學，到一九八〇年又重新恢復了效實中學校名。

屠呦呦在效實中學讀完了高一和高二兩個年級。

從今天保存下來的一份屠呦呦的學籍檔案資料來看，屠呦呦在效實中學的學號是A342，語文平均成績七十一．二五分；數學平均成績七十分；英語七十一．五分；生物八十．五分；化學六十七．五分。

從這份成績單看，她的成績顯然算不上是「優等生」。但是也傳達出了一個訊息，就是這時候的屠呦呦，生物課的成績尤其顯得突出。

後來，呦呦的一些高中同學和老師回憶起來，也都公認，呦呦這時候的確對生物課比較偏愛。

屠呦呦自己後來也說過，這時候她的性格比較文靜，喜歡默默獨處，對生物課最有興趣，經常得到教生物的老師的讚揚。

在效實中學，屠呦呦有一個同班同學叫李廷釗，比她小一歲，也不太喜歡說話。呦呦和他雖是同學，平時卻幾乎沒有什麼交流。然而，誰也不會想到，許多年後，這兩個人竟然成了戀人和夫妻。

一九四九年三月九日，正是江南大地桃紅柳綠、金色的油菜花開滿田野的時候，屠呦呦和她的同學們來到寧波城外遊玩。這些風華正茂的少年，快樂地徜徉在春意盎然的田野間，就像飛翔在油菜花地上空的紫燕一樣。同學們的這次春遊，留下了一張珍貴的合影。

屠呦呦在這張合影的背面，情不自禁地寫下了一句像詩歌一樣的留言：「盛開的油菜花田中印上了我們的足跡。」

這年十月一日，中國共產黨中央委員會主席毛澤東在北京市宣告中華人民共和國中央人民政府正式成立。

一九五〇年三月，因為家裏的經濟原因，呦呦不得不從效實中學這所學費較為昂貴的私立學校，轉到了學費相對比較便宜的寧波中學，繼續完成高中最後一年的學業。這也是她在家鄉寧波度過的學生生涯中，最後的一年時光。

屠呦呦在寧波中學高三年級的班主任，名叫徐季子。徐老師曾給呦呦寫過這樣一句鼓勵的贈言：

不要只貪念生活的寧靜，應該有面對暴風雨的勇氣。

老師之所以要寫這樣一句贈言，是因為這時候的呦呦，給人的感覺仍然是那麼安靜，甚至顯得有點孤寂，平時很少說話，總是在認真地讀書，不愛參加娛樂活動。

老師也許是擔心，在未來的日子裏，這個女生能否有足夠的勇氣和信心，去迎接生活中的「暴風雨」。

屠呦呦的同班同學陳效中，後來成了清華大學的教授。陳效中在初中時與李廷釗是同學，高中時又成了屠呦呦的同學。陳教授後來和這對同學夫婦一直保持著親密的友誼。他回憶說，這時候，屠呦呦在班上總是不聲不響的，一上完課就回家去了，不太喜歡像有的同學那樣夸夸其談，也不喜歡交際。課業成績也只是中上水平，並不突出。

呦呦的另一位姓翁的同班同學也回憶說，屠呦呦這時候衣著樸素，不是特別引人注目，顯得很低調，屬於「沒沒無聞型」。

一九五一年春天，屠呦呦的高中時代結束了。

從寧波中學保存的一九五一屆畢業名冊上看，和屠呦呦同一屆畢業的高中生裏，有不少人後來都成了傑出人才，例如中國科學院院士、數學家石鍾慈，曾任中華書局總編輯的編輯家、學者傅璇琮等。還有幾位同學後來隱姓埋名，從事的是中國的人造衛星和導彈的研究工作。

泱泱越國古明州，門對大江流。
菁英繼起，德藝兼優，學海任遨遊。
須猛進，莫回頭，時光不我留。
同聲相應，氣相求，努力邁前修。

這是當時寧波中學的校歌，歌詞裏充滿了鼓勵學子們發憤學習、珍惜時光、不斷上進的殷切期望。

辛夷花正在校園裏綻放。

柳色青青，各奔前程，少年的驪歌悄悄響起來了⋯⋯

草藥的誘惑

一九五一年，這年夏天，還未滿二十一歲的屠呦呦，按照當時高考的規定，從寧波來到杭州，參加了華東區的高考考試。在填報大學志願的時候，屠呦呦一看到「北京大學醫學院藥學系」就毫不猶豫地做出了選擇。實際上，在當時開設了藥學系的大學，還是寥寥可數的。在醫學和藥學方面，屠呦呦都沒有「家傳」，雖然她的長輩中也有開過中藥鋪的，但那純屬為了餬口做點藥材上的小生意，就像那時候寧波城的藥行街上開的那些鱗次櫛比的藥材鋪子一樣。

呦呦填報了醫學院藥學系，大概就是因為接連兩次生病，使她對傳統的中醫和草藥，產生了強烈的好奇和興趣，也激起了她渴望用中國的草藥去治病救人，為更多的人解除痛苦的強烈願望。——也許，正是一直隱藏在心底的這個願望，才讓這個小女孩平日裏總是默默不語、心事重重。這是來自中國草藥的誘惑，又何嘗不是藏在少女心中的那顆種子的萌芽？

炎熱的夏季快要走遠了。柳樹上的蟬聲，正在漸漸減弱和消失，圓圓的石榴果也即將迎來成熟的時刻。

在等待「放榜」的那段日子裏，呦呦每天都要仔細地看一遍當天的《人民日報》。因為當時像北京大學、清華大學這樣一些有名的大學，會在《人民日報》、《光明日報》上公佈錄取的新生的名字。

有一天，屠呦呦如願以償在報紙上看到了自己的名字。那一瞬間，她的心突突地跳得很快。她怕自己看錯，還使勁揉了揉眼睛，最後確認沒錯，這真是自己的名字！

她趕緊跑回家，向爸爸、媽媽和外婆報告了這個喜訊。沒有幾天，北京大學的錄取通知書就寄到了。

一位常年給開明街這一片的人家送信的郵差，很快就把呦呦考上了北京大學的消息，從開明街蓮橋第門口，傳到了四周鄰居家裏。

「哎呀，真了不起呀！無論是你們屠家，還是姚家，一代代的家教家風就是好呀！」

「是呀是呀，小姑娘自己也真有志氣！這要是放在過去，就等於是開明街出了個女狀元啦！」

「可不是嘛！以前只是聽老人們說過『文曲星下凡』的故事，沒想到，文曲星今年下到咱們這條街上啦！」

街坊鄰居們都紛紛跑來道喜，誇讚呦呦的爸爸媽媽，還有呦呦的外公外婆家教好，也誇獎呦呦真給寧波人爭氣。有的鄰居還特意把自己家的小孩帶過來，說是要讓沾點呦呦小姊姊的「喜氣」，有朝一日也能成為「文曲星」。

鄰居們的談笑和舉動，讓呦呦都覺得有點不好意思了。

就在呦呦考取北京大學醫學院這一年，美國的一位醫學家馬克斯．蒂勒，因為在黃熱病疫苗研究上做出的貢獻，獲得了一九五一年的諾貝爾生理醫學獎。一年後，美國微生物學家塞爾曼．瓦克斯曼，因為發現了鏈黴素，獲得了一九五二年諾貝爾生理醫學獎。

此刻，中國未來的醫藥學家、未來的諾貝爾生理醫學獎獲得者屠呦呦，正坐在去往北京的一列火車上……

坐在一路向北的火車上，為了打發漫長的旅途時光，屠呦呦從書包裏拿出了一本介紹世界醫藥科學進展的書，埋頭看了起來。

有關瘧疾的那部份內容，看上去有點怵目驚心，她一邊翻看，一邊覺得自己渾身起了「雞皮疙瘩」。

這是在熱帶和亞熱帶地區，特別是在炎熱的非洲等地，傳播得十分廣泛、也是非常致命的一種傳染病。它的傳播途徑倒是很簡單，就是蚊子。蚊子叮咬了人的皮膚，就會把瘧原蟲帶入人體內，然後人就會感染瘧疾。

如果蚊子攜帶的是惡性的瘧原蟲，那麼，被感染的人會一會兒發冷、一會兒發熱，不停地出虛汗。多次發作後，就會引起貧血和脾腫大。如果瘧原蟲侵入了腦部，就會形成腦瘧疾，引發腦死亡等嚴重的症狀。

瘧疾禍害人類的歷史，已經有幾千年了。據說，中國出土的三千五百年前的殷商甲骨文中，就有對瘧疾的記載。古代的人類，把瘧疾視為絕症。西方有人考證過，古代埃及的著名法老圖坦卡門，就是死於瘧疾；中國清朝的康熙皇帝，也曾經得過瘧疾，差點送了性命。

有一個說法是：康熙皇帝患上了瘧疾，是一位西方來的洋教士，獻上了一種叫「金雞納霜」的藥物，治癒了這位皇帝的瘧疾。為此，康熙皇帝還賞給了洋教士不少錢財，還有房子，並允許他們在中國傳教。

實際上，這個說法並不準確。因為康熙皇帝是在康熙六十一年（一七二二年）去世的，第二年，即雍正元年（一七二三年），雍正皇帝繼位。而作為西藥的「金雞納霜」，又叫「奎寧」，是在一八二〇年，由法國的兩位化學家佩爾蒂埃、卡芳杜從一種名叫「金雞納樹」的樹皮中提取出來的。一直到一八五〇年左右，才開始大規模投入使用。尤其是在第二次世界大戰期間，奎寧因為藥效良好，在戰地救治傷員上發揮了很大的作用，也成為熱帶叢林裏一種抗瘧的重要藥物。

一八二〇年金雞納霜才問世，這時候離康熙皇帝去世將近一百年了。所以說，治癒了康熙皇帝瘧疾病的，並不是金雞納霜，也並非從西方傳來的「西藥」，也許只是一種中草藥。

我們在前面講到過，為了徹底征服瘧疾，英國醫學家羅斯不顧生命安危，深入到瘧疾流行的地區進行考察，證實了瘧疾是由瘧原蟲傳染的，並提出了通過撲滅瘧原蟲來預防瘧疾的方案。

因為羅斯這一方案的實施，瘧疾的肆虐才受到了控制。羅斯也因為這項貢獻，獲得了一九〇二年諾貝爾生理醫學獎。

但是，金雞納霜無法根治瘧疾。截至屠呦呦開始上大學的二十世紀五〇年代初期，人類還沒有找到很有效的方法來根治瘧疾，而只有一些比較常見的預防方法，例如儘可能保持生活環境的衛生，採取一些滅蟲的方式來消滅蚊子和蚊子的幼蟲。

「那麼，當時傳說的那個洋教士，用來為康熙皇帝治好瘧疾的，究竟是一種什麼神奇的藥物呢？」

坐在火車上，望著窗外快速閃過的樹林、田野、河流和村舍，屠呦呦又開始了自己的思考和想像。

「看來，未來要走的路還很長、很長哦。」她在心裏默默地說道，「也許，不久的一天，終會有人去揭開這個祕密的吧？……」

未走的路

所有的日子，所有的日子都來吧，
讓我編織你們，用青春的金線，
和幸福的瓔珞，編織你們。

有那小船上的歌笑，月下校園的歡舞，
細雨濛濛裏踏青，初雪的早晨行軍，
還有熱烈的爭論，躍動的、溫暖的心……

是轉眼過去了的日子，也是充滿遐想的日子，
紛紛的心願迷離，像春天的雨，
我們有時間，有力量，有燃燒的信念，
我們渴望生活，渴望在天上飛。
是單純的日子，也是多變的日子，
浩大的世界，樣樣叫我們好驚奇，
從來都興高采烈，從來不淡漠，
眼淚，歡笑，深思，全是第一次。

所有的日子都去吧，都去吧，
在生活中我快樂地向前，
多沉重的擔子我不會發軟，
多嚴峻的戰鬥我不會丟臉。
有一天，擦完了槍，擦完了機器，擦完了汗，
我想念你們，招呼你們，
並且懷著驕傲，注視你們。

這是作家王蒙的長篇小說《青春萬歲》的一首序詩，寫出了在中共建政之初的歲月裏，大學生和中學生們昂揚的精神狀態，和對未來的美好憧憬。

一九五一年，二十一歲的屠呦呦，正是滿懷著這樣的熱情和憧憬，帶著自己在中學時代就已悄悄萌芽的夢想，來到了北京，成了北京大學醫學院的一名大學生。

北京大學醫學院的前身，是創辦於一九一二年的「國立北京醫學專門學校」。這是當時中國開辦的第一所國立醫學院校，也是民國早期九所著名的「國立」大學之一。這所學校在一九四九年之前，經歷過多次合併和更名。屠呦呦考入的藥學系，前身是創建於一九四一年的北京大學藥學院，合併到北京大學醫學院後，藥學系設立了本草、製藥兩個專業。

從小在秀麗的江南水鄉長大的屠呦呦，第一次來到了首都北京，無論是街巷、建築、樹木、日常交通工具，還是空氣裏的味道、人們說話的聲調、早晨裏從街道上傳來的叫賣聲……都與家鄉寧波完全不同。在屠呦呦看來，這裏的一切都是那麼陌生和新奇。

這個時候的北京大學醫學院校址，設在西城區西什庫天主教堂附近（現北京大學口腔醫院第一門診部所在地）。西什庫天主教堂，俗稱「北堂」，是北京最大和最古老的教堂之一。

呦呦對教堂建築並不陌生，因為寧波城裏也有不少教堂。但是，無論站在醫學院校園裏的哪個地方，只要她一仰頭，都能看見西什庫教堂那高高的哥德式建築的尖頂，而整個學院，又被四周典型的中國風格的建築包圍著。這樣奇特的「風景」，有時會讓呦呦覺得有點恍惚：這是置身於東方，還是西方呢？

屠呦呦這一屆藥學系的大學生，按照入學年份排列，被稱為「藥學第八班」，整個班級約有七十名學生。

當時的藥學系，分藥物化學、生藥兩個專業。藥物化學主要是為培養具有藥學、管理學、經濟學等知識和技能的人才，這個專業的畢業生，一般都會進入各大著名藥廠工作，可以說，是一個很「吃香」的熱門專業。相對來說，生藥專業卻是比較「冷門」的。生藥的英文是crudedrug，意思是指純天然的、未經過加工或簡單加工過的植物、動物和礦物類的藥材。這個專業的畢業生，一般都會進入實驗室或研究機構，從事藥物研究的工作。

在選擇專業方向時，大部份人選擇了藥物化學專業。只有十二人選擇了生藥專業。

屠呦呦就在這十二人之列。

屠呦呦為什麼會毅然選擇這個「冷門」的專業呢？難道就沒有考慮過將來畢業後的去向嗎？

後來，從屠呦呦自己的言談裏，從她的一些同班同學的回憶裏，我們弄清楚了當時的原因其實很簡單，就是兩條：

一是國家成立初期，百廢待興，各方面的人才更是稀缺。生藥開發和研究雖屬「冷門」，但是不可缺失，更何況當時正處在缺醫少藥的年月呢！

二是神奇的中草藥，仍然在無聲地誘惑著心懷夢想的屠呦呦。在她的心目中，如果實驗室裏能擺滿各種各樣的小草，她能像小時候遇見的那位採藥的老爺爺一樣，去親口咬一咬、嘗一嘗那些小草和小野果，然後判斷出它們屬於哪一種草藥，進而能發揮出它們治病救人的作用，該是多麼有趣和有意義的工作！

正是出於這樣單純的考慮，呦呦毫不猶豫地選擇了生藥專業。

這個選擇，從此就伴隨了她的一生。

就像詩人弗羅斯特在〈未走的路〉那首詩裏詠歎的那樣：「金色的樹林裏分出兩條路，可惜我不能同時去涉足。……當我選擇了人煙稀少的那一條，從此決定了我一生的道路。」

樓之岑教授，浙江省安吉縣人，著名生藥學專家，中國現代生藥學的開拓者之一。一九四四年，當屠呦呦還在念初二的時候，樓之岑考取了英美獎學金留英研究生，第二年赴英倫留學，在倫敦大學藥學院學習。一九四七年七月獲該校藥學學士學位，留校從事生藥學研究。一九五〇年，樓之岑又被倫敦大學醫學院授予哲學博士學位。一九五一年一月，樓之岑歸國後受聘到北京大學醫學院藥學系執教，成為該系的首位生藥教授，並受命組建了該校生藥學教研室。

當時，藥學系的植物化學課，由留美歸來的林啟壽教授開設，主要教學生如何從植物中提取分離有效成份，研究它們的化學性質。

正是在樓之岑、林啟壽兩位名師的悉心指導下，屠呦呦開始踏上了一條「人煙稀少」的生藥研究的林間小路。

這條小路，也正如詩人所詠歎的那樣：「它荒草萋萋，十分幽靜，顯得更加誘人、更加美麗；雖然在這兩條小路上，很少留下旅人的足跡。雖然清晨落葉滿地，路上還不曾有任何腳印踏過……但我知道，這條小路蜿蜒曲折，沒有盡頭，恐怕我再也難以回返。也許多年後在某個地方，我只能輕聲歎息，回顧起往事……」

半邊蓮的功勞

春末夏初的時候，如果你在田埂上和水塘邊的草叢裏，或者在一些小溪流邊的潮溼地方仔細觀察，也許會看到一種匍匐生長的小草，草莖細弱，草節上還會生出一些細小的根鬚。細小的花梗上，開著一些粉白色或淡紫色、粉紅色的小花，乍看就像盛開的小睡蓮的花朵，或者也有點像蘭草花或蝴蝶花……

你也許並不知道，這種小野花，是一種多年生的草本植物，名字叫半邊蓮。

半邊蓮喜歡在潮溼的環境裏生長，分佈在中國長江中下游和南方的各個地區。在印度以東的亞洲其他各國，也能看到這種小野花的蹤影。可不要小看這種野生的小草。半邊蓮其實是一種草藥，花、葉、根、梗都有清熱、解毒、消腫的功效，可以用來治療毒蛇咬傷、肝硬化腹水、晚期血吸蟲病腹水和闌尾炎等傷病。

那麼，在半邊蓮與屠呦呦之間，發生了什麼事情呢？

經過了四年緊張和充實的大學學習，一九五五年，屠呦呦從北大醫學院順利畢業，分配到中醫研究院中藥研究所，從事生藥研究工作。

生藥研究的日常工作環境單一，整天都待在實驗室。可以想像一下，一個年輕的女孩子，整天穿著白大褂，埋頭在實驗室的各種瓶瓶罐罐裏，辨析各種藥材，查閱各種典籍資料，然後再做各種實驗，提取和分離藥性成份，這可是需要極大的對孤獨和寂寞的忍耐力的。

當時的中藥研究所，剛剛創辦，設備簡陋，條件艱苦，實驗室裏連基本的通風條件都不具備。因為常年接觸各種化學溶劑，屠呦呦經常感到頭暈目眩，甚至發熱、發燒。有一次她持續高燒不退，就去醫院檢查，結果被確診為中毒性肝炎。有人勸她調換一下工作，但她淡淡地苦笑了一下，說：「不換了！誰叫我已經深深愛上了這份『傷害過』自己的工作呢！」

因為長期待在生藥實驗室裏做實驗，化學溶劑和草藥的「毒性」，難免會侵入和傷害到身體。屠呦呦從青年時代起，身體都不太好，其中一個原因，就是長期待在實驗室裏與化學溶劑為伍。

剛剛走上生藥研究工作，屠呦呦就遇到了第一次專業上的挑戰：一種名為「血吸蟲病」的疾病，正在當時的中國農村，尤其是長江流域和南方的農村裏肆虐。

血吸蟲病，民間俗稱「大肚子病」。寄生在湖區、稻田、河灘裏的釘螺身上的血吸蟲，侵入人體後，引起人的肝臟惡化和肚子鼓脹，形成腹水。所以，血吸蟲病人一般都會挺著一個「大肚子」。

這是一種致命的疾病。生活在湖區和南方的農民，哪有不下水田耕作的？有河、湖、汊港和水田，就會有釘螺存在。所以，當時的血吸蟲病，嚴重危害著農民們的健康。據統計，二十世紀四〇年代裏，僅僅在湖北省的一個湖區縣陽新縣，全縣就有八萬人死於血吸蟲病。有的村子甚至變成了「寡婦村」。沒有了勞動力，村莊蕭條，田地荒蕪，飢餓和貧困就會接踵而至。

一九五六年，中國各地掀起了一場防治和消滅血吸蟲病的運動。

正是在這個時候，屠呦呦由自己的老師樓之岑教授帶領著，著手從生藥的角度去研究如何防治血吸蟲病。

因為民間有用半邊蓮這種草藥去治療「大肚子病」的例子，屠呦呦和她的老師就開始研究半邊蓮的藥效。

明代藥學家李時珍在《本草綱目》裏記載：

半邊蓮，小草也。生陰溼塍塹邊，就地細梗引蔓，節節而生細葉。秋開小花，淡紅紫色，只有半邊，如蓮花狀，故名。

經過了一年多的研究，屠呦呦和樓之岑教授終於弄清楚並證實了，半邊蓮是治療血吸蟲病的一種有效藥物。

這項研究成果很快就在血吸蟲病區推廣，後來還被《中藥鑑定參考資料》一書收錄。因為研究和發現了半邊蓮的藥效，屠呦呦同時也釐清了另一種中藥銀柴胡長期以來一直存在的品種混亂問題。這項研究成果，也被收錄進了《中藥志》一書。

正是因為有了屠呦呦和樓之岑教授，再加上其他一些中醫研究人員不斷地研究，中國各地防治和消滅血吸蟲的捷報頻傳。常年肆虐、危害人民健康的血吸蟲病得到了有效的控制，不少地方甚至滅絕了血吸蟲。

一九五八年夏天，曾經也是血吸蟲病重災區的江西省餘江縣，傳來一個喜人的消息：這裏的血吸蟲病也被徹底地消滅了！

六月三十日這天，毛澤東得到這個消息後，「浮想聯翩，夜不能寐。微風拂煦，旭日臨窗，遙望南天，欣然命筆」，在七月一日清晨寫下了兩首〈七律・送瘟神〉。題目中的「瘟神」，詩句中的「瘟君」，指的就是被老百姓視為瘟疫一樣的血吸蟲病。

在參加工作之初的那幾年裏，屠呦呦最感到自豪的一件事，是自己被評為「社會主義建設積極份子」。

這個稱號，在當時就是「勞動模範」的代名詞，凡是有上進心、有奮鬥和奉獻精神的勞動者，尤其是青年人，人人都羨慕、都想爭當「社會主義建設積極份子」。

樸素的半邊蓮，默默地盛開。這個辛勤工作著的年輕人，也在工作中默默收穫了自己愛的果實……

溫馨的小家

我們在前面說到過，屠呦呦在效實中學時，同班裏有一個男生叫李廷釗。李廷釗當時也是一個少言寡語的少年。不知道那時候他是否在心裏暗戀過同樣不善言辭的屠呦呦，反正兩個人當時很少有交流，更談不上「表白」什麼的。

中學畢業之後，屠呦呦進入了北京大學醫學院學習生藥，李廷釗進入北京外國語學校學習外語。

韓戰爆發後，李廷釗和班上的一些同學一起報名要為志願軍做翻譯工作。但當時中國缺少人才，李廷釗想去朝鮮的要求沒有獲得批准，而是被派往蘇聯留學深造去了。從蘇聯歸國後，李廷釗先後在齊齊哈爾的北滿鋼廠、馬鞍山鋼鐵廠工作。

李廷釗的姊姊在北京工作，因為都是寧波老鄉，她和屠呦呦平時也有來往。有一天，李廷釗回北京看望姊姊，沒有想到巧遇了中學同學屠呦呦。

少年同學在分別了多年後又意外重逢，兩個人都十分珍惜這份緣分。這時候，李廷釗得知屠呦呦還「待字閨中」，而自己因為忙於工作，也還沒有談過戀愛。於是，李廷釗的姊姊就為弟弟和呦呦牽起了紅線。一九六三年，這一對曾經的少年同學，幸福地步入了婚姻的禮堂。

就像春天裏的一對紫燕，一起銜來春泥，築成了自己堅固的小巢，屠呦呦和李廷釗，這一對相親相愛的人兒，終於也有了自己一個溫馨的小家。

得知這個喜訊，他們的那些少年同學，都為他們高興和祝福。

同學們還戲言：「呦呦和廷釗的結合，不僅僅是『天作之合』，也是傳統與現代的融合嘛！」

同學們說的「傳統」，指的是屠呦呦從事的中草藥研究；「現代」，指的是李廷釗從事的鋼鐵工作。

初為人妻的屠呦呦，還是一心在研究上，對於瑣碎的家務事，實在是不太擅長。

在家鄉念書的時候，她是爸爸媽媽的心肝寶貝，又是外婆外公的掌上明珠，再加上幾次生病，身體一直就虛弱，家裏人哪裏捨得讓她做什麼家務事呢！

在北京上大學的日子裏，因為住的是學生宿舍，吃的是學生食堂，除了洗洗衣服，整理一下宿舍什麼的，也沒有什麼其他的「家務事」需要她做。所以，一直到她結婚成家時，也沒有「學會」做家務事。

她的一位大學同學王慕鄒，與屠呦呦很要好。王慕鄒回憶說，呦呦結婚後，對家務事實在是有點「心不在焉」，家中大小事務，幾乎都由她先生「承包」了下來，這樣，呦呦也就一心一意地把時間和精力全部用在了工作上。

一九六五年，夫妻倆迎來了他們的第一個女兒李敏。

但這時候，屠呦呦要經常到外地出差，有時去做田野考察，一去就是半個多月。

「那時候，我們心裏想的，只有怎樣去努力工作，把國家交給的任務完成。所以，只要接到了新的任務，孩子一扔，起身就走了。」

屠呦呦後來回憶起初為人母的日子，心裏不免充滿了對孩子和家人的愧疚。

不久，他們的小女兒李軍也出生了。這個小家的生活變得更為繁亂、艱辛和狼狽了。

大女兒還不到四歲的時候，屠呦呦被派往遙遠的海南島，到熱帶叢林裏去做調查。她的先生也下放到了外地。沒有人照顧孩子，怎麼辦呢？

為了不影響工作，當媽媽的只好狠下心、一咬牙，把不滿四歲的大女兒送進了托兒所的「全托班」，把更加幼小的小女兒送回了寧波老家，交給孩子的外公外婆照顧。

因為母女分離的時間太長了，幼小的孩子幾乎忘記了媽媽的模樣。當屠呦呦從海南島回到北京，去托兒所裏接回大女兒敏敏時，無論怎麼哄，小敏敏都不肯再喊「媽媽」。

小女兒軍軍三歲的時候，有一次，屠呦呦抽空回了趟老家。

剛走到孩子外公家的那個小巷子口，她一眼就認出了正獨自在那裏玩耍的軍軍。

屠呦喲蹲下身，疼愛地喊叫著：「軍軍，軍軍，我是媽媽，來，快叫媽媽呀！」

可是，小軍軍就像突然面對一個陌生人一樣，本能地往後退了幾步。可以想見，在孩子的小腦袋瓜裏，早已經沒有關於媽媽的絲毫記憶了。

在兩個孩子的童年和少年時代，作為媽媽的屠呦呦，和孩子們總是離別多、團聚少，以致於在後來很長的時間裏，小女兒李軍一直對媽媽有所「埋怨」：那該是多麼重的事業心，才具有那麼大的吸引力，讓媽媽能夠決絕地拋下兩個未成年的孩子，常年奔波在外呢？

許多年後，屠呦呦自己也反思過，那個時候，心裏當然首先裝著的是「國家」，是「國家使命」，而不是自己的「小家」。孩子長大後，甚至一度不想回到北京和父母一起生活，對孩子的埋怨和困惑，她和先生能夠理解，但是也很無奈。

這，應該就是屠呦呦這一代知識份子，為了國家的事業而忘我地工作和奮鬥的真實寫照吧。

一投入到自己的工作中，一走進實驗室裏，屠呦呦會心無旁騖、全神貫注，幾乎忘記了外面的一切存在，就像工作中的居里夫人一樣。

但是在日常生活中，她確實如很多同學、同事所說的那樣，總是表現讓人哭笑不得，是十足的「粗線條」。

一位女同事回憶說，有一次，為了幫屠呦呦尋找出差需要的證件，她打開了呦呦的行李箱，發現她的箱子裏簡直是「亂七八糟」，哪有半點女性的行李箱的樣子！

對此，屠呦呦自己也承認過：「我做家務事一點也不靈光，成家後，買菜、做飯、買東西什麼的，全靠我家老李了。」

還有一次，幾個同事一起到寧波出差。屠呦呦因為還要出席一個重要會議，就在寧波多留了一晚，第二天單獨坐火車回京。

結果呢，因為沒有同事的照應，屠呦呦在火車停靠中途站點時，因為臨時下車去透透氣，最終被火車「丟」在了那個小站上……

發生在屠呦呦身上像這樣的生活上的「迷糊」事兒，實在是不少。但從來沒聽她的同事說過，她在工作上犯過什麼「迷糊」或出過什麼差錯。

代號「523」

二十世紀六〇年代和七〇年代，可怕的瘧疾仍然在中國和世界各地肆虐和蔓延，嚴重危害著人類的生命！

一九六七年五月二十三日，中國國家科學委員會和中國人民解放軍總後勤部在北京召開了「瘧疾防治藥物研究工作協作會議」。會議做出了一個重要的決定：要從中國的草藥中，尋找到一種新藥，抵抗和治療危害人類健康的瘧疾！這項全國性的瘧疾防治研究工程以會議召開的日期五月二十三日為代號，稱為「523」任務。

抗瘧新藥研究的序幕，就這樣悄悄拉開了。中醫研究院作為「523」任務的參與單位，任命屠呦呦為「523」項目課題組的組長。

上級交代給屠呦呦的目標是十分明確的，就是通過軍隊和地方的密切合作，研究和開發出能防治瘧疾的藥物；國家對這種藥物的要求是：高效、速效、長效！

也許是出於保密考慮，也可能是中醫研究院還沒來得及給屠呦呦配備組員，說是「項目課題組」，其實最初的階段，組長和組員都是屠呦呦一個人。

這項工作需要從廣泛的實地調查、細緻的本草文獻查閱和甄別開始。屠呦呦安頓好自己的兩個孩子，便全身心地開始了「523」項目的工作。

她最初著手的事情，是四處打聽和搜尋中國歷代的醫書典籍，拜訪各地的老中醫，記錄和整理散落在民間的「祕方」。

差不多跑了三個月、一百多天的時間，她竟然蒐集到了兩千多個與治療瘧疾有關的藥方，包括內服的、外用的，藥材涉及了植物、動物和礦物等。

許多來自民間的藥方，並不是專門防治瘧疾的，有的也並不那麼「靠譜」，而只是傳說中的「偏方」。所以，屠呦呦參照中醫中藥科學已有的研究成果，從兩千多個藥方裏精選出了六百四十個較為可信的藥方，編輯成《瘧疾單祕驗方集》。

這裏面，就有與青蒿有關藥方：「處方：青蒿五錢至半斤；用法：搗汁服或水煎服或研細末，開水兌服；來源：福建、貴州、雲南、廣西、湖南、江西。」

其實，這個時候，整個中藥所還沒有對青蒿的抗瘧作用做過什麼研究。在第一輪的藥物篩選和試驗中，屠呦呦的目光，也沒有聚焦到青蒿這一種小草身上。

她最初的目光，落在篩選出來這樣幾類藥材上：

植物藥材，有地骨皮、甘遂、黃花、菱花、鴉膽子、青蒿、馬鞭草等，可見，青蒿只是其中的一種而已；動物藥材，有地龍、鼠婦、蛇蛻、穿山甲、鳳凰衣（雞蛋殼內的一層薄膜）；礦物藥材，有黃丹、雄黃、硫磺、皂礬、硃砂等。

一九六九年夏天，正是海南島瘧疾區爆發的季節，屠呦呦帶領所裏給她的項目組配備的三位組員，大膽地闖進了這個瘧疾高發區，進入了中國南方熱帶的叢林中……

在叢林深處的村子裏，他們一一走訪和檢查不同年齡的病人。可怕的瘧疾正在折磨著這裏的男女老幼……

在海南，屠呦呦把重點放在了對胡椒、辣椒提取物加明礬的臨床療效觀察上。

經過一段時間的臨床驗證和觀察，屠呦呦和同事們發現，胡椒和辣椒加明礬的多種製備樣品對小白鼠體內瘧原蟲的抑制率，雖然能達到百分之八十以上，但對患上瘧疾的病人，卻只能起到改善症狀的作用，並不能從根本上消滅瘧原蟲。

一九七〇年，屠呦呦的課題組，先後提交了一百二十多個與胡椒有關的實驗結果，但經過最終測定後，發現胡椒的藥性沒有達到理想中的要求。

怎麼辦？繼續尋找新的方案，繼續進行新的實驗吧！

屠呦呦和她的三個組員，又耗費了一年多的時間，從一百多種中藥材中，提取了兩百多個實驗樣品。他們滿心希望，這一次應該有所收穫了吧？

可是，實驗樣品提交上去之後，等來的結果，卻像兜頭潑下了一盆冷水——這兩百多個實驗樣品裏，對瘧原蟲的抑制率最高的也只有百分之四十左右。

「問題究竟出在哪裏呢？難道是那些醫書典籍裏的記載都不太靠譜嗎？還是我們自己的實驗方案、提取手段上存在問題呢？」

屠呦呦反反覆覆地思忖著，默默地咀嚼、吞嚥著一次次失敗的滋味。古人常說：「弱水三千，只取一瓢。」意思是說，一個人在茫茫世界上可能會遇到很多美好的東西，但只要用心去把握住其中的一樣，也就足夠了。可是，這小小的「一瓢」，又在哪裏呢？「或許，在中華數千年的醫學寶庫裏，還有一些祕密的珍寶，我們並沒有發現它，也不曾把它們擦亮過？」

又一個失眠的夜晚，屠呦呦輾轉反側，腦海裏突然閃過了這個念頭。

不知為什麼，這個念頭讓屠呦呦眼前一亮！她有點興奮了。反正也睡不著了，乾脆披衣起床，到外面走走，清醒一下頭腦吧。

午夜時分的星空，是多麼靜謐和深邃啊！她一個人坐在屋外的夜色裏，坐在茫茫的星空下，仰起頭，默默地望著那些遠遠近近、大大小小的像寶石一樣閃耀的星星。

哦，美麗的星空，神祕的、至高無上的星空！

你就像一部古老的經典，誰能夠讀盡你的每一頁、每一章？誰能夠讀透你默無聲息的光焰的啟示，讀懂你那令人炫目的黑洞中的寶藏？

哦，偉大的星空，你有時會把人們從平庸和渺小中，從寂寞和孤獨的深淵中，解脫出來，照亮他們腳下的道路；有時又會用你沉默和冷靜的光芒告訴人們，通向星空的道路有多麼遙遠、多麼艱難！

哦，深邃的、浩繁的星空啊！你是一個偉大的、和諧的組合體，你也是一個充滿矛盾衝突的大舞台。碰撞與交融，燃燒與冷卻，聚變與裂變，光明與陰影，清醒與迷茫，瞬間與永恆，飛昇與隕落……都在你茫茫的星團裏交織著、輝映著，所以你生生滅滅、亙古常新……

在這個不眠的夜晚裏，坐在靜謐的星空下，屠呦呦獨自想了很多很多。她想到，我們的地球，雖然已經擁有了四十五億年的壽命，但與茫茫的星空相比，也只不過是大宇宙中能量極其微小的一瞬而已。如此想來，人的一生，一個個體的生命，豈不只是一瞬間的一瞬而已？

那麼，人的價值又在哪裏呢？一個個體的生命的價值又在哪裏呢？一顆流星無聲地劃過，會在宇宙中留下瞬間的光芒。一個人從這個世界上走過，他應該給世界留下一點什麼呢？

可以毫無疑問地回答，那一定不是自私的索取，也不是名與利的佔有與私享，而只能是奉獻，是把一己的光與熱，匯於漫長和遼闊的歷史的星空中。只有這樣，每一顆星星，才有自己位置和亮度；只有這樣，才會有人類的群星閃耀的時刻……

「那麼，請給我更多的智慧、信心和力量吧，請給我更多的照耀和啟迪吧，美麗的星空！我知道，誰一旦破譯出了你那神祕的、無聲的『語言』，誰的心靈，也將會變得十倍地充實和自信，變得百倍地富有、和諧和健康，他甚至將和最美的星光一起升起，連最黑的黑夜也不畏懼！……」

想到這裏，屠呦呦激動地站起身來，覺得自己渾身又充滿了新的力量。而這時，東方已經露出黎明的微光，新的一天的太陽，正在群山背後冉冉升起……

神奇的小草

要弄清楚「青蒿」這種神奇的小草，也許需要先把幾種叫「蒿」的植物區分清楚。「青蒿」這個名稱很早就出現了。不過，科學家們經過考證，發現現代植物學上的「青蒿」跟藥用的「青蒿」，其實是兩種植物。古籍裏記載的可以入藥的青蒿，在現代植物學上叫「黃花蒿」。屠呦呦曾經對國內市場上出售的中藥「青蒿」的原植物進行過調查，發現市場上當藥材賣的「青蒿」，絕大多數都來自植物學上的黃花蒿，還有少部份是牡蒿、茵陳蒿，幾乎沒有植物學上的青蒿。

屠呦呦出生時，她的爸爸從《詩經．小雅》的〈鹿鳴〉這首詩中，看到了「呦呦鹿鳴，食野之蒿」的詩句，於是給女兒取名「呦呦」。這裏的「蒿」，宋代大學者朱熹就註釋為「青蒿」。中國古代典籍裏對青蒿有很多的記載。沈括在《夢溪筆談》裏說「青蒿一類，自有二種，一種黃色，一種青色。本草謂之青蒿，亦有所別也。」

還有一種艾蒿，也比較常見。艾蒿又叫艾草、蕭茅、香艾、蘄艾、灸草等，植株帶有濃烈的香氣。每年端午節早晨，很多人家會在門楣上插上一束艾蒿，用來「避邪」或驅擋蚊蟲。艾蒿葉乾枯後可以用來煮水，夏天用艾蒿葉煮的水沐浴，可以滅菌、消毒和止癢。用艾蒿葉煮的水泡腳，也有解乏和有保健的功效。《孟子》裏有「七年之病，求三年之艾」這樣的記載，可見，艾蒿也是可以入藥治病的。

明代藥學家李時珍是湖北蘄春縣蘄州鎮人，他在《本草綱目》裏，除了記載了「白蒿」和「白艾」可以入藥外，還特別記載著一種「蘄艾」，即產自他的家鄉蘄州的艾草，不僅可以入藥，藥性也比一般的艾草更好。所以，現在人們買艾草、艾香、艾條之類，都喜歡買「蘄艾」做的。

艾蒿因為氣息濃郁，具有特殊的馨香味，人們還會用艾葉做成艾草枕頭，有幫助睡眠和解乏的功效。現在，艾蒿還被廣泛地用於養生所用的「艾灸」。而艾灸，就是把艾草做的香條點燃後，去熏、蒸人體的一些穴位，達到調理身體的作用。

蔞蒿，江南一些省也稱為「泥蒿」，這是一種可以吃的蒿草，特別是早春時節，剛剛在湖畔、河邊和池塘四周生長出來的嫩嫩的野生蔞蒿，它的嫩莖是春天的時令野菜，和臘肉一起炒著吃，脆嫩、清新、風味獨特，是江南人家春天裏最喜歡吃的野菜。現在人們早就大面積種植蔞蒿，把這作為一種蔬菜產業在經營了。

回到屠呦呦要研究的青蒿上來。

青蒿作為一種草藥的應用，在中國已有兩千多年的歷史了。最早在馬王堆三號漢代墓穴出土的帛書《五十二病方》裏，就能找到青蒿的蹤影。中國現存最早的一部本草醫書《神農本草經》裏，也有對青蒿的記載：「草蒿，一名青蒿，一名方潰。」《神農本草經》與《黃帝內經》、《難經》、《傷寒雜病論》，被並稱為中國古代醫藥「四大經典」，它又是「四大經典」中唯一專門記載藥材的一部典籍，全書記載了三百六十五種藥材，被譽為是中國傳統本草學的「奠基之作」。

那麼，最早記載了青蒿可以治療瘧疾這個訊息的，出自哪一部典籍呢？

屠呦呦帶領著她的小組人員，花費了很長的時間，上下求索，四處尋找，從《神農本草經》到《肘後備急方》，再到《本草綱目》、《本草備要》……他們把凡是能找到的中國古代醫藥典籍，幾乎都翻了個遍！

在這些典籍中，關於青蒿的記載，星星點點地散落和隱藏在各種藥方的字裏行間，真需要有披沙瀝金的功夫，才能發現它們。

有一天，同事開玩笑地對屠呦呦說：「呦呦，妳有沒有覺得，如果我們再這樣睜大眼睛，在這些浩如煙海的古書堆裏埋頭找下去，我們的眼睛會不會讀瞎了呢？」

「眼睛也許不會讀瞎的，但是，我們的青絲可能要熬白了！」屠呦呦頭也沒抬地回答道。

真是功夫不負苦心人！有一天，就像靈光閃現一樣，屠呦呦在翻閱東晉時代的藥學家葛洪所著的《肘後備急方》這部典籍時，目光一下子停留在了這樣一行文字上：「青蒿一握，以水二升漬，絞取汁，盡服之。」

葛洪是東晉時代的一位道教學者，也是中國古代著名的煉丹家、醫藥學家。他出身於方士之家，是三國時期著名的方士葛玄的後人，世稱「小仙翁」。他曾受到過朝廷的賞識，做過一段時間的皇宮內侍。但他的興趣和志向在於煉丹和醫術，所以後來他捨棄了皇宮裏的職務，一個人隱居到山中煉丹去了。至於他最後有沒有成功地煉出「金丹」來，那就誰也不知道了。他留給後人的一部最有名的醫藥著作就是《肘後備急方》。

《肘後備急方》，初名《肘後卒救方》。「肘後」，是指可以掛在臂肘上，比喻攜帶方便；「備急方」或「卒救方」，是指救治突然發生的疾病的藥方。這本書裏記載了一些常見的和容易突發的疾病的簡便藥方和急救療法。可貴的是，書中所開列藥方的用藥，十分「接地氣」，幾乎就是草石類藥材，價格低廉，一般的平民百姓都能就地採到和找到。放在今天看來，這些藥方也是非常適合普通百姓家庭的。所以，這本書不但在當時被奉為救命的「寶書」，就是在一千六百多年後的今天，書中的很多藥方，依然被一些中醫採用著。

屠呦呦發現，這本書中對青蒿的記載有多處。除了前面提到的那個治「寒熱諸瘧」的方子，另書還有一個治「金瘡撲損」的方子：「可用青蒿搗封之，亦可用青蒿、麻葉、石灰等分，搗和曬乾，臨時為末搽之。」如果是被蜂子螫了，也可用「又嚼青蒿，敷之」。

那麼，按照葛洪在書中留下的這個青蒿的古方，去煎熬和提取出來的藥汁，對防治瘧疾到底會不會有效呢？

屠呦呦面對著這個簡單的古方，既有點激動，又有點將信將疑。她不敢多想。她現在唯一想做的，就是大膽地嘗試一下再說。

無論如何，青蒿（黃花蒿）算是一種「幸運的小草」吧。它是屠呦呦和她的同事們對照著古老的醫藥典籍，從篩選出來的一百多種草藥裏，最終選中的一種古老的植物。

接下來，她將和同事一起從這種綠色的小草身上，去提煉出能夠治療瘧疾的藥物。她想像著，一旦提取成功，這種藥物就會像神話傳說裏的「仙草」一樣，去救活很多、很多、很多人的生命！

那一天，屠呦呦對著陽光，輕輕地舉起一株新鮮的青蒿，一遍遍聞著它散發出來的苦澀和清新的氣息……

「哎，呦呦，妳說，我們最後能從青蒿中提取出有用的藥物嗎？」

「不知道。但我希望，它能有美麗的顏色，就像居里夫人經過無數次實驗，才提煉出來的神奇的鐳一樣。」

「天哪！我們也要經歷居里先生和居里夫人那麼多失敗嗎？」

「也許，比他們經歷的還要多……」

果然，一次次的失敗、失敗、失敗……

「青蒿一握，以水二升漬，絞取汁，盡服之。」

唉，「絞取汁，盡服之」……

這一個簡要得不能再簡要、僅僅只有幾個字的古方，可真是讓屠呦呦他們絞盡了腦汁啊！

軟軟的「飴糖」

一次次的實驗都失敗了，這讓屠呦呦體會到了前所未有的挫敗感。這些日子裏，因為太過癡迷和執著於實驗，她的同伴們覺得，屠呦呦的神情都變得有點「恍恍惚惚」的了，人也消瘦了不少。

這時候，屠呦呦把自己臨時的「家」搬進了研究所裏，這樣可以保證自己只要步行兩分鐘，就能到達實驗室。

每天匆匆吃過晚飯後，她總是要重新返回實驗室，再工作一些時辰。有時不知不覺就到了子夜時分。

「呦呦，這樣下去可不行啊，妳的身體非被弄垮不可！」組員們勸她說：「要不，妳抽個時間去郊外走走，散散心，呼吸一點新鮮空氣……」

這一天，屠呦呦果真獨自來到郊外，走到了一處田野邊。

但是她不知道自己要尋找什麼。是要尋找青蒿嗎？好像也不是。她的實驗室裏擺滿了從各地採集回來的新鮮青蒿。

「如果……如果……下一次實驗仍然是失敗的，那麼，我是不是該考慮放棄了……」

這一刻，屠呦呦在心裏難過地對自己說。

不過，這個念頭只是在一瞬間閃了一下，她馬上就像掐滅一根火柴上的火花一樣，把這個喪氣的念頭給掐滅了。

她知道，壓在她肩膀上的，是一個重大的國家計畫。這項計畫，關係到千萬同胞的健康，甚至也關係到中國傳統草藥能不能對整個人類的生命健康有所貢獻。

就在她這樣思忖著的時候，突然，她看見一隻渾身無力的小狗，正在田野邊啃食綠色的小草。

「請問老伯，小狗為什麼會像山羊一樣，啃食小草呢？」她好奇地向正在田裏耕作的一位老農請教道。

老農告訴她說：「哦，這隻小狗生了病，牠好像正在給自己尋找治療的方法，也許，小草裏含有牠的身體需要的東西吧？」

屠呦呦聽了，眼睛頓時一亮，好像在黑暗中看見了新的曙光。

她蹲下身，仔細地觀察著小狗怎樣努力地啃食那些小草……

「不，不能放棄！我怎麼捨得放棄！哪怕再失敗一千零一次！」屠呦呦站起身，默默地說，「謝謝你，親愛的小狗！祝你早日恢復健康！」

為了堅定自己的信心，那幾天裏，屠呦呦還特意找出了自己在大學時代就喜歡的《居里夫人傳》，重新讀了起來。

書中有很多情節，都是她早就熟悉了的。如今重讀，她就是想給自己再打打氣、鼓鼓勁，從偉大的居里夫人那裏「借來」一些信心和力量！

她看到，提煉鐳要用到大量的瀝青鈾礦，需要資金去購買。但居里夫婦一直處在窘迫的生活之中，他們的收入只能勉強滿足最基本的生活，到哪裏去弄到研究資金呢？當時，這對年輕的科學家夫婦並沒有自己的實驗室，只能在一個廢棄的破棚屋裏做實驗。他們的大部份提煉工作就在院子的簡易大棚裏進行。八噸的瀝青鈾礦渣，要一鍋一鍋地煮沸，一刻也不能停止地攪拌，然後把一瓶瓶提煉物倒進倒出……這是一項超乎人們想像的、艱巨而又繁雜的工作！因為請不起幫手，所以不管是嚴寒還是酷暑，居里夫人都要穿著佈滿灰塵、染滿試劑的工作服，既當科學研究專家和技師，又當火爐工和小工。她每天用一根和她差不多高的鐵棍，在大鍋裏攪拌著一堆沸騰的瀝青礦渣，火烤著她，煙熏著她，使她雙眼佈滿血絲，喉嚨痛疼難忍。到了晚上，她累得筋疲力盡了，飯也吃不下，幾乎連脫下工作服的力氣都沒有了……

但是，居里夫人沒有被生活的艱辛所嚇倒，她憑著強大的毅力和堅強、樂觀的心態，去迎接和珍惜這艱辛生活的每一天。她這樣說：「我們的生活都不容易，但是那有什麼關係？我們必須有恆心，尤其要有自信力！我們必須相信，我們的天賦是要用來完成某件事情的，無論代價有多麼大！」

有一天，疲勞至極的居里夫人揉著痠痛的後腰，隔著滿桌子的試管和量杯，這樣問丈夫皮埃爾：「你說，鐳，究竟會是什麼樣子呢？」皮埃爾回答她說：「無法想像，我只是希望，它會有美麗的顏色。」

一九〇二年，經過四年艱苦卓絕的工作，居里夫婦終於從八噸鈾礦廢渣中成功地提煉出〇．一公克純淨的白色晶體。這小小的、看起來微不足道的〇．一公克白色晶體，卻是他們歷盡常人難以忍受的困苦艱辛，嘔心瀝血而得到的「結晶」。

那一刻，他們發現，經過千辛萬苦獲得的這〇．一公克鐳，真的有著非常美麗的顏色，在幽暗的破木棚裏，鐳發出了略帶藍色的螢光。在這對科學家夫婦眼裏，它可是比世界上最華貴的寶石還要美麗、還要珍貴啊！

屠呦呦沉浸在她喜歡的《居里夫人傳》裏，讀得「不知東方之既白」，新的一天開始了……

新鮮的、美麗的朝霞，把她的宿舍、實驗室和整個研究所，映照得紅彤彤的。

她整理了一下自己的思路，把目光重新聚焦在《肘後備急方》的那個古方上：「青蒿一握，以水二升漬，絞取汁，盡服之。」

她想，按照通常的做法，草藥一般都是加水用火煎熬，才能取得藥汁的，而葛洪在這裏並沒有說要加火煎熬，只是「絞取汁」，就是把青蒿絞成汁。

按說，古人對草藥的藥性，是不可能提取出什麼「元素」或分析出什麼「原理」的，因此所採取的方式就比較簡單和古樸。也許，真正的奧祕就在這簡單和古樸之中？

想到這裏，屠呦呦突然獲得了一個靈感：也許，這種有點「原始」的方式，恰恰顯示出了古代人的智慧？也就是說，這個青蒿的正確用法，正是「絞汁」服用，而並非我們常見的用火煎熬？

是啊，在這之前，屠呦呦他們每一次實驗和提取的方法，都是用水和火煎煮或者用乙醇提取。那麼，青蒿中的有效成份，會不會恰恰是害怕高溫的呢？她從青蒿實驗中提取的，最高只有百分之六十八的抑制率，難道另外的百分之三十二，正是因為高溫煎熬而流失了？

如此看來，何不就用老祖宗留下的「原始」方式試一試呢？

想到這裏，屠呦呦簡直有點激動了！她決定改變以往的做法，重新設計了一種用低溫提取的方案，即把溫度嚴格控制在攝氏六十度以下，用水、醇、乙醚等多種溶劑分別提取，也把青蒿的莖、桿、葉、根分開來提取。這樣做至少可以弄清楚，究竟是青蒿的哪個部份是真的有用、藥性最好。

屠呦呦和她的項目組，從一九七一年九月開始採用她設計的新方案來做實驗。

一個月後，一九七一年十月四日，奇蹟出現了——

他們的青蒿提取物第一百九十一號樣品，對瘧疾的抑制率達到百分之一百！而在此之前，同樣的青蒿提取物，他們做了一百九十個樣品，卻都沒能成功。

「啊，找到了！找到了！你們快看哪，它不像暗藍色的、晶體的鐳，它像青黑色的、軟軟的飴糖呢！」屠呦呦大聲地招呼著同事們說。

十月四日，一個她永難忘記的日子！她和她的團隊，以乙醚為溶劑，採用低溫的方式，從綠色的青蒿身上，終於得到了一種青黑色的、軟軟的、膏狀的提取物。

接下來，大家都睜大了眼睛，在緊張地等待另一個關鍵性的實驗結果。

結果是：這種青黑色的、膏狀的提取物，對瘧原蟲的抑制率，達到了百分之一百！

頓時，整個實驗室沸騰了……

接下來還有一個重要的環節需要儘快完成，那就是對提取物的臨床試驗。

屠呦呦明白，任何的藥物，都需要弄清楚它們的毒理、藥理，只有確認了它們的安全性，對人體沒有副作用，才能投入臨床使用。

可是，瘧疾這種傳染病是具有季節性的，如果錯過了最合適的臨床觀察季節，就需要再等上一年。想到這裏，屠呦呦覺得，應該「趁熱打鐵」，不能再等待了！

於是，她鄭重地向上級遞交了一份志願試藥報告。報告裏說：「我是項目組長，我有責任第一個以身試藥……」

屠呦呦的這個決定，讓長官和同事們不禁大吃一驚。他們沒有想到，這個平時裏看起來柔柔弱弱的江南女子，關鍵時刻卻像一位「巾幗英雄」，滿身的膽量和豪氣！

「呦呦，妳的心情我們能夠理解，可是，以身試藥，生命攸關，這可不是一件小事，妳要想好啊！」

是啊，在當時的實驗條件下，屠呦呦敢於挺身而出，用自己的身體來充當「人類小白鼠」，是需要極大的勇氣的，是一種真正的「奉獻精神」。

「你們不必擔心，我們從事醫藥開發和研究的，應該有一點『糖丸爺爺』顧方舟先生的勇氣和精神……」屠呦呦怕大家擔心和顧慮太多，就故意舉了個比較正面和樂觀的例子，笑著說道。

她所說的「糖丸爺爺」，是指中國著名醫學科學家、病毒學專家顧方舟。顧方舟把自己畢生的精力都投入到了消滅脊髓灰質炎（俗稱「小兒麻痺症」）的事業上，為消滅這種疾病做出了巨大貢獻。

許多小孩子都還記得，小時候打完疫苗後，最期待的事兒，就是能吃到打針的醫生「獎賞」的一顆「糖丸」。那顆「糖丸」，名義上是在獎勵打針不哭的勇敢的孩子，其實，那正是顧方舟發明的一種預防脊髓灰質炎的疫苗。「糖丸爺爺」的這個發明，保護了中國千千萬萬個小孩子的生命健康。小小的糖丸，不僅基本消滅了中國的「小兒麻痺症」，也讓數不清的孩子免受了病毒侵害。

但很多人並不知道，顧方舟最初為了測試疫苗的安全性，自己就曾經以身試藥。他在驗證了成人對脊髓灰質炎病毒具有免疫力後，更重要的是，還必須驗證疫苗對小孩子身體的安全性。怎麼辦呢？他在內心糾結了很長時間後，最終咬了咬牙，決定拿自己剛滿月的兒子做首次實驗。他不忍心、也不敢讓夫人知道這件事，所以就只能給幼小的兒子偷偷服用「糖丸」。

後來，細心的夫人還是知道了他的舉動，就質問他說：「這是不是真的？」顧方舟只好滿懷愧疚地承認說：「是真的。但我沒有別的辦法，只好委屈我們自己的孩子了，懇望妳能理解……」

讓他感動的是，夫人得知此事後，不僅沒有怪罪他，反而寬慰他說：「每一個小生命，都是上天送給我們的寶貝！疫苗是你發明的，你不首先在自己孩子身上做實驗，難道要拿別人家的孩子做實驗？別人家的孩子就不是寶貝嗎？你不要太內疚，有你這樣仁心的爸爸，我們的兒子一定會平安的！」

觀察和等待實驗效果的那段日子，也許是顧方舟一生中最為不安和備受煎熬的日子。畢竟，他和夫人也都是初為人父、初為人母。好在小孩子安然無恙地度過了測試觀察期，顧方舟的一切努力都沒有白費。

望著小傢伙天真懵懂的笑容，聽著他那銀鈴似的清脆的笑聲，顧方舟喜極而泣，和夫人緊緊擁抱在了一起……

「謝謝你，勇敢的兒子！」

顧方舟又對夫人說，「這時候，小傢伙哪裏會知道，他幼小的身體，為國家和人類的醫學，做出了多大的貢獻啊！」

「請大家放心吧，我反覆考慮過許久，已經想好了！」屠呦呦莊重地說：「只要是從事中藥研究，乃至一切科學研究，都需要有顧先生的這種勇氣、膽量和無私的精神！更何況，我對這個青蒿的提取物，還是有信心的……」

一九七二年七月，經過上級再三考慮和研究，最終決定，由屠呦呦和另外兩名研究人員一起，住進了北京東直門醫院，充當了首批人體試藥的「小白鼠」。

這個時候，誰也難以預料，屠呦呦和她的同事們最終的結果將會怎樣。

青蒿素誕生

一九七二年七月，屠呦呦等三人在醫院的嚴密監控下，完成了一個星期的試藥觀察。

八月到十月，屠呦呦又帶上提取的膏狀藥品，再次去往海南島，冒著酷暑，在昌江等熱帶叢林中的瘧疾區，先後完成了二十一例瘧疾病人抗瘧療效的臨床觀察。其中，包括間日瘧十一例，惡性瘧九例，混合感染瘧一例。

觀察結果是：間日瘧平均退熱時間為十九小時，惡性瘧平均退熱時間為三十六小時，而且瘧原蟲全部轉陰。這樣的結果，也正是屠呦呦所期待的。

從海南島回來後，另一組同事又帶來一個喜訊：他們在北京三〇二醫院臨床驗證的六例瘧疾病例，也全部有效！

長官們高興地趕來向屠呦呦和她的小組祝賀：「祝賀你們！各種試藥觀察證實，你們提取出來的『飴糖』，對人體是安全的。真是了不起啊！你們已經找到了打開寶庫的鑰匙！下一步，該是你們把軟軟的『飴糖』變成顆粒，哦，變成像你經常念叨的、像居里夫人發現的鐳那樣的晶體的時候了……」

於是，屠呦呦和她的小組又開始了新的實驗。

當時，屠呦呦小組做實驗用的青蒿，都產自北京郊區。屠呦呦發現，北京產的青蒿中，青蒿素的含量只有萬分之幾。也就是說，每次實驗，都需要消耗大量的青蒿。加上受到採收季節等因素的影響，屠呦呦夢想中的那種顆粒晶體——青蒿素，其實並不那麼容易發現和獲得。她的實驗，好像又陷入了僵局。

「哎，你們有沒有覺得，我們現在的樣子，有點像故事傳說中的一位古人？」有一次，趁著午間休息的時候，屠呦呦半開玩笑地對同事說道。

「哦？像哪位古人？」同事好奇地問道：「呦呦，妳是說，像白居易筆下『伐薪燒炭南山中』的『賣炭翁』嗎？」

「才不是呢！我們可沒有那麼灰頭土臉！」屠呦呦說：「小時候，父親給我講過東晉時代那位醫藥家和煉丹術士葛洪的故事，我覺得，我們現在就像葛洪一樣，都成了『煉丹術士』。」

「沒錯，沒錯，我們正在從青蒿中『煉出』神奇的『金丹』，造福人類呢！」同事都覺得，呦呦的這個比方十分形象。

「屠呦呦，妳就是一位當代的『女葛洪』嘛！」

「不，不是我，是我們，我們都是『葛洪』，都是新中國的『煉丹人』，哈哈哈……」

同事們發現，屠呦呦好像是第一次笑得這麼開心和放鬆。也許，她已經隱隱感到，他們離最終的目標已經不遠了吧？

屠呦呦覺得，那個被人稱為「仙人」的葛洪，真不愧為中國古代一位傑出的醫藥學家。小時候，爸爸給她講過的葛洪的傳說故事，如今仍然言猶在耳。

在屠呦呦心裏，他對葛洪充滿了好感和深深的感激。不僅是因為葛洪的《肘後備急方》帶給了她靈感和啟迪，小時候聽過的一些葛洪用各種草藥治病救人的故事，也在潛移默化地影響著她，滋養著她善良悲憫的情懷，也提醒著她時刻保持作為一名醫藥研究人員救死扶傷的道義感和使命感。

父親告訴呦呦，傳說葛洪年輕的時候，皇帝聽說他很有才幹，想把他調到宮廷裏，擔任皇帝內侍。可是葛洪的志趣並不想在朝廷裏做事，他最喜歡做的事情，是跟著一位名叫鄭隱的有名的方士，去深山老林裏學習煉丹。同時，他也喜歡去山野裏採集草藥，蒐集藥方，為人們治病療傷，造福百姓。因此，全國各地都留下了許多葛洪煉丹和採藥的故事。

例如在杭州的葛嶺，有個初陽台，傳說葛洪曾在這裏煉過丹；杭州富陽區的胥口鎮，有個葛仙洞，傳說葛洪曾在這裏煉丹十三年，修煉成了「仙人」。廣東省惠州市有座羅浮山，山上有一個洗藥池，傳說當年葛洪就在這裏清洗採集來的中藥。

呦呦還聽父親說過，葛洪的後人就生活在寧波，這裏也有許多葛洪的傳說和遺跡。在寧波的甬山上，相傳有七十二個洞穴，葛洪曾在這些洞穴中煉過丹。當地還傳說，有一個洞穴中盤踞著一條巨蟒，經常禍害老百姓，最後是葛洪進洞殺死了巨蟒，為老百姓除了一大害，保護了當地百姓的生命安全。寧波的靈峰山一帶，人們把葛洪稱為「葛仙翁」，山上有一口「丹井」，傳說葛洪在這裏煉丹，喝了這口井裏的水，可以延年益壽。

靈峰山中還有一個「葛仙殿」，裏面供著「葛仙翁」的塑像，塑像旁邊還放著葛洪常讀的書卷。

在所有葛洪的傳說中，最讓屠呦呦難忘的，是這位醫藥家和煉丹術士運用自己的智慧和醫術，為當地百姓治療疾病的故事。

有個故事裏說，每年農曆七月初七，寧波當地的女孩子有採摘槿樹葉洗頭的風俗。這個風俗的源頭，就在葛洪。當初，葛洪與自己的母親在瓶壺山居住，他家屋子邊上有一棵槿樹，只要採下葉子揉捏幾下，就會散發出好聞的清香；如果用它的汁液洗手和沐浴，皮膚就有特別清涼和光滑的感覺。於是，葛洪就採摘了很多樹葉，搗出許多汁液盛在木桶裏，把木桶吊在屋簷下。

有一天，葛洪的母親不小心撞到了木桶，裏面的汁液潑在了頭上。葛洪是個大孝子，就趕忙為母親洗去頭上的汁液。沒想到他這一洗，竟然發現母親的頭髮變得柔軟、烏黑和光亮了，而且還散發出一陣陣清香。從此，用槿樹葉的汁液洗頭，就成了當地的一種風俗。

這樣的傳說故事，就像一股清風，給屠呦呦送來溫情和啟發。她當然不相信葛洪真的修煉成了仙人這樣的說法。但是，從葛洪巧用槿樹葉的汁液這個故事裏，她感受到了中國古代醫藥家善於從日常生活中發現智慧、提取生命經驗的才能與美德。

又經過了無數次的實驗，一九七二年九月二十五日、九月二十九日、十月二十五日、十月三十日、十一月八日，在這些對屠呦呦的小組來說，每一天都是那麼寶貴和難忘的日子裏，他們從軟軟的「飴糖」裏，相繼分離和發現了多個令他們盼望已久的晶體！

一九七二年十一月八日這天，被正式確定為「青蒿素」的誕生日。

「中國神藥」

就這樣，屠呦呦他們發現的青蒿素，在有著數千年醫藥學傳統的中國誕生了！

這本是一個足以震驚世界、改變世界的大發現，但是，也許是因為當時的訊息傳遞管道的限制，全世界竟然一點也不知道，在這個東方古國，竟然擁有了這麼一個石破天驚的、人類草藥學上的大突破！

神奇的青蒿素，暫時還「養在深閨人未識」。

一九七三年從春到夏，不到半年的時間裏，屠呦呦成功提取了一百餘公克青蒿素純度晶體。她把它們分成了四份：一份用於青蒿素的化學研究；一份繼續用於臨床前的安全性測試；一份製備臨床觀察用藥；還有一份留作備用。如此細緻周密的分配，正是屠呦呦作為科學家的縝密思維的體現。

然而，在此後的許多年裏，青蒿素的臨床驗證和觀察，並不是那麼順利。在這期間，屠呦呦帶領著團隊又反覆進行了無數次有關青蒿素的衍生物實驗和測試。

一直到了一九八一年十月，世界衛生組織、世界銀行、聯合國開發計畫署，在北京聯合召開的瘧疾化療科學國際大會，屠呦呦在大會上做了「青蒿素的化學研究」的演講，頓時引起了世界衛生組織專家們的驚歎！專家們認為，這是一個重大的新發現，這一發現最重要的意義，是為國際藥學界進一步設計合成新藥指明了方向……

一年後，一九八二年十一月，在北京召開的中國科學技術獎勵大會上，屠呦呦作為抗瘧新藥青蒿素的「第一發明單位」裏的「第一發明人」，也作為「523」項目組的代表，上台領取了發明證書和獎章。

從此，全世界都知道了青蒿素。

從此，一種古老而神奇的中國小草——青蒿，以它青翠、纖弱的莖葉和清芬遠溢的氣息，擔負著改變世界、拯救人類的使命，開始走出國門，走向世界……

二十世紀九〇年代，根據世界衛生組織的統計，全世界約有二十億人口，生活在非洲、東南亞、南亞、南美這些瘧疾高發地區。而這些地區，相對來說又比較貧困，經濟和醫療條件都比較落後。

青蒿素，因為來自草藥，造價較為低廉，通常一個療程的用藥，只有幾美元而已，所以，世界衛生組織把青蒿素列為向全世界瘧疾高發區推薦的首選藥品。

一九九五年，在非洲肯亞瘧疾重災區奇蘇姆省，一位懷孕的媽媽，不幸患上了瘧疾。如果還是用以前常用的奎寧來治療，年輕的媽媽能活下來，可是，腹中的胎兒就保不住了，結果很可能會流產，或導致胎兒發育畸形。

這時候，來自中國的神奇小草創造了奇蹟：不僅孕婦平安了，嬰兒也哇哇大叫著、健康平安地來到了世上……

那一天，年輕的媽媽激動得噙著淚花，一遍遍地親吻著小寶寶，還給小天使般的女兒取名為「科泰新」，好讓她永遠記住，是「中國神藥」，給了她一個健康的生命。

「科泰新」，就是用青蒿素製成的第一種抗瘧新藥。

從一九七三年九月下旬開始，屠呦呦就一直在進行對這項青蒿素衍生物的實驗。現在看來，她的努力沒有白費，「科泰新」成了這位年輕的非洲媽媽心目中的「中國神藥」。

從二〇〇〇年起，僅僅在撒哈拉沙漠以南的非洲地區，就有大約兩億四千萬人，受益於青蒿素聯合療法，約又一百五十萬瘧疾感染者，因為使用了來自中國的青蒿素，避免了瘧疾導致的死亡和病痛的折磨。

為了進一步提高藥效，繼青蒿素之後，中國的藥學科學家們「馬不停蹄」，又接著研發出了青蒿琥酯、蒿甲醚等青蒿類新藥。

現在，青蒿琥酯作為一種注射劑，已經全面取代以前的奎寧注射液，成為世界衛生組織在全世界強力推薦的重症瘧疾治療首選用藥。據統計，這種新藥已在全世界三十多個國家和地區，救治了約七百萬重症瘧疾患者的生命，其中大部份患者，是只有五歲以下年齡的幼兒。

神奇的中國小草，古老的中醫和草藥，通過科學家的妙手，正在釋放著讓全世界為之驚訝和感佩的神奇力量。東晉時代的藥學家、煉丹術士葛洪，一生都在努力著，想去煉出一種「靈丹妙藥」，造福人間。如今，葛洪的夢想，在屠呦呦這位當代「女葛洪」手上實現了……

享譽世界的人

時間在慢慢地向前推移……

伴隨著年年生長的綠色小草，屠呦呦也從當初那個天真爛漫的小姑娘、風華正茂的大學生、人到中年的女科學家，不知不覺地變成了一位面容慈祥的老奶奶……

俄羅斯民間有個美麗的童話傳說：說是世界上有一個「祕密」，只要誰把它解開了，人間就不再有貧窮、疾病和痛苦。這個「祕密」寫在一根「綠樹枝」上，埋在人們經常走過的小路邊和田野裏……

所以，凡是小時候聽過這個童話傳說的孩子，心中都對那樣一根埋在田野裏的「綠樹枝」，充滿了好奇和嚮往。

俄羅斯大作家托爾斯泰五歲時，曾聽哥哥尼古拉講過這個傳說，從此，小小的綠樹枝，讓幼小的托爾斯泰心馳神往。尋找那根神奇的綠樹枝，不僅成了托爾斯泰童年時最喜歡的「遊戲」，也成了他一生的使命。人們說，這位偉大的文學家畢生都在尋找那根能給人們擺脫貧窮、疾病和痛苦的「綠樹枝」……

屠呦呦小時候也聽舅舅給她講過這個傳說。現在，她好像突然間明白了，其實，她自己這大半生以來，又何嘗不是在尋找那樣一根神奇的「綠樹枝」呢？

她要尋找的「綠樹枝」——那些樸素和神奇的、散發著泥土與雨水的清芬氣息的小草，果真也是生長在路邊、田埂和一片片的荒地上。

二〇一一年，屠呦呦已經八十一歲高齡了。這年九月，世界著名的生物醫學獎、有著「醫學界的諾貝爾獎」美譽的拉斯克獎，頒給了屠呦呦。拉斯克獎評審委員會給出了這樣的授獎詞：「因為發現青蒿素——一種利於治療瘧疾的藥物，挽救了世界上特別是開發中國家的數百萬人的生命。」

九月二十四日晚上，拉斯克獎頒獎會後，屠呦呦面對來訪的記者，平靜地說道：「這個榮譽，不僅僅屬於我個人，它屬於我們中國科學家群體。」

這不是屠呦呦的客套話，而是發自她內心的真實的感受。

從「523」項目啟動，一直到青蒿素的最終發現，這個漫長和艱辛的歷程裏，包含著屠呦呦和她的整個研究團隊的智慧和心血，也離不開在那些特殊的年代裏，全國上下同心協力的支撐。也可以說，在青蒿素誕生的奇蹟背後，有「舉國大協作」的背景，也站立著中國科學家的群體。

根據統計，從一九六七年「523」項目啟動之後，有六十多個科學研究單位、五百多名研究人員，先後加入到了這個項目之中。有一個真實的細節可見一斑：一九七八年十一月二十八日，在揚州召開青蒿素鑑定會時，與會的主要研究單位有六家，主要協作單位有三十九家之多，參加鑑定會的專家和研究人員有一百多人。

青蒿萋萋，心香縷縷。在屠呦呦的背後，還站立著很多默默無聞的奉獻者。「予人玫瑰者，手有餘香。」在這些沒沒無聞的研究人員手上，也帶著綠色小草的清香氣息。

二〇一五年秋天，在瑞典，又到了一年一度、舉世矚目的諾貝爾獎各個獎項陸續頒出的日子。

十月五日，瑞典卡羅林斯卡醫學院向全世界宣佈：中國藥學家、中國中醫科學院中藥研究所首席研究員屠呦呦，愛爾蘭科學家威廉姆·坎貝爾，日本科學家大村智，獲得二〇一五年諾貝爾生理醫學獎。

諾貝爾生理醫學獎評委的尚·安德森說：「屠呦呦是第一個證實青蒿素可以在動物體和人體內有效抵抗瘧疾的科學家。她的研發對人類的生命健康貢獻突出，為研究人員打開了一扇嶄新的窗戶。屠呦呦既有中醫學知識，也了解藥理學和化學，她將東西方醫學相結合，達到了一加一大於二的效果，屠呦呦的發明是這種結合的完美體現。」

在盛大的頒獎典禮上，八十五歲的屠呦呦站在華燈閃耀的領獎台上，全世界都在看著她……

這是中國首位獲得諾貝爾獎的女科學家。

屠呦呦奶奶微笑著，雙手接過了諾貝爾生理醫學獎的證書。

「感謝妳，尊敬的女士，妳用綠色的小草，救活了很多、很多人的生命，妳用綠色的小草，改變了世界……」

人們紛紛向她表示祝賀。

「青蒿素是傳統中醫藥送給世界人民的禮物，對防治瘧疾等傳染性疾病、維護世界人民健康具有重要意義。青蒿素的發現是集體發掘中藥的成功範例，由此獲獎是中國科學事業、中醫中藥走向世界的一個榮譽。」

屠呦呦謙遜地表示。

永不止步的探索

不少人很好奇：屠呦呦獲得了舉世矚目的諾貝爾獎，她會怎樣使用那筆豐厚的獎金呢？在科學的道路上，她好像已經到達了一個「輝煌的頂點」，功成名就了，她該拿著這筆獎金安享晚年了吧？

實際上，屠呦呦把領取回來的約合三百萬元人民幣的獎金，「精打細算」地分成了三份：一百萬捐贈給了自己的母校北京大學，設立了一個「創新基金」；一百萬捐贈給了自己的工作單位中國中醫科學院，用來獎勵敢於在中醫藥領域探索和創新的年輕研究人員；另外的一百萬，作為自己的研究團隊，繼續從事研究探索的日常費用。

屠呦呦深知，一切科學成果和科學發現，都不是在熱鬧的掌聲和鮮花叢中完成的。相反，只有那些能夠忍受冷清、寂寞和孤獨的人，那些敢於「孤身走我路」的人，才有可能在「荒無人煙」的地方，找到通往遠方的道路。所以，在後來接踵而至的、一連串各種榮譽面前，屠呦呦都顯得十分平靜和「低調」。

二〇一五年，在去瑞典領取諾貝爾獎那天，許多媒體記者和官員們等候在候機室的貴賓廳裏，想為老奶奶送行。可是，人們左等右等了好久，也不見屠呦呦的身影。原來，屠呦呦故意避開了這番熱鬧，悄悄地提早辦完了登機手續，坐在了航班上。

二〇一七年一月九日上午，二〇一六年度中國國家科學技術獎勵大會，在人民大會堂隆重舉行，屠呦呦獲得了中國國家最高科學技術獎。可是，頒獎之後，所有媒體都找不到屠呦呦的身影。原來，老奶奶不知什麼時候已經悄然離開了被鮮花簇擁的獲獎者人群……

也是在這一年，中國科學院國家天文台經過國際天文委員會所屬的小行星命名委員會討論通過，分別以屠呦呦等五位中國科學家的名字，永久命名了五顆小行星。其中，第31230號小行星被永久命名為「屠呦呦星」。可是，這麼隆重的命名儀式，屠呦呦本人也沒有出席，而是悄然避開了。科學的星光在天上閃耀，吸引和激勵著敢於探索的人們，但是屠呦呦認為，科學家不是「明星」，科學家的舞台不在絢麗耀眼的光束裏……

二〇一九年早春時節，一個最新的消息又在瞬間吸引了全世界的目光：英國廣播公司評選「二十世紀最偉大的科學家」，中國科學家屠呦呦，與居里夫人、愛因斯坦、阿蘭．圖靈這三位傑出的科學家並列為候選人……

榮譽紛至沓來，屠呦呦這位「九〇後」的老奶奶，絲毫沒有停下探索的腳步，帶著她的研究團隊，繼續向中醫科學的新領域挺進……

二〇一九年初夏時節，一條振奮人心的消息，瞬間「刷屏」了中國乃至全世界：屠呦呦團隊近日宣佈了研究的新進展。

到底是什麼新進展呢？

簡單來說，瘧疾現在仍是世界上最主要的致死病因之一。青蒿素聯合療法（也就是「青蒿素藥物」聯合「其他抗瘧配方藥」的療法）是全球對抗瘧疾最重要的武器，但隨著青蒿素藥物的廣泛使用，在部份地區，瘧原蟲對它們產生了抗藥性，導致治療效果不理想。

科學無國界，科學家的大愛也沒有國界。雖然中國早已基本消滅了瘧疾，但屠呦呦和她的團隊經過了多年的探索和研究之後，終於在「抗瘧機理研究」、「抗藥性成因」、「調整治療手段」等方面，取得了新的進展，為那些瘧疾仍在肆虐的國家，提出了應對

「青蒿素抗藥性」的切實可行的治療方案。

世界衛生組織全球瘧疾項目主任佩德羅・阿隆索評價說：「截至目前，青蒿素聯合療法治癒的瘧疾病患已達數十億例。屠呦呦團隊開展的抗瘧研究工作具有卓越性，貢獻不可估量。」

同時，屠呦呦團隊還發現，雙氫青蒿素對治療具有高變異性的紅斑性狼瘡也有獨特的效果。當媒體和大眾都在為他們的「新突破」歡呼時，屠呦呦卻一如既往地低調，以科學家嚴謹的措辭表示：「青蒿素對治療紅斑性狼瘡存在有效性趨勢，我們對試驗成功持謹慎的樂觀。」

屠呦呦小時候，爸爸和舅舅就給她講過古代哲學家莊子的一句名言：「吾生也有涯，而知也無涯。」意思是說：人的生命是有限的，而人們對世界的認識（知識）是無限的，是沒有邊界的。所以屠呦呦懂得，無論是在傳統中醫領域裏，還是在綠色的、廣袤的大自然和宇宙星空裏，還有無數的祕密，等待著好奇的人們去發現、探索和解決。

二〇一九年九月二十九日，在中共建政七十週年國慶大典來臨前夕，中華人民共和國國家勛章和國家榮譽稱號頒授儀式上，中國國家主席習近平向國家勛章和國家榮譽稱號獲得者分別頒授「共和國勛章」、「友誼勛章」和國家榮譽稱號獎章。獲得「共和國勛章」的共有八人，分別是于敏、申紀蘭、孫家棟、李延年、張富清、袁隆平、黃旭華、屠呦呦。屠呦呦是醫療衛生領域唯一的「共和國勛章」獲得者。

「中醫藥科技創新的優秀代表，研究發現青蒿素，解決抗瘧治療失效難題，六十多年來致力於中醫藥研究實踐，為人類健康事業作出巨大貢獻。」頒獎詞雖然簡明、精短，每一行文字背後，卻是這位九十高齡的女科學家一路走過的春花秋月和風霜雨雪。

國家圖書館出版品預行編目 (CIP) 資料

屠呦呦 / 徐魯作 . -- 第一版 . -- 新北市 : 風格司藝術創作坊出版 : 知書房發行 , 2021.07
面； 公分 . -- (嗨！有趣的故事)
ISBN 978-957-8697-86-7(平裝)

1. 屠呦呦 2. 傳記

782.887 109003437

嗨！有趣的故事

屠呦呦

作　　者：徐　魯
責任編輯：苗　龍

發　　行：知書房出版
出　　版：風格司藝術創作坊
235 新北市中和區連勝街 28 號 1 樓
電　　話：(02) 8245-8890

總 經 銷：紅螞蟻圖書有限公司
台北市內湖區舊宗路二段 121 巷 19 號
電　　話：(02) 2795-3656
傳　　真：(02) 2795-4100
http://www.e-redant.com

版　　次：2021 年 9 月初版　第一版第一刷
訂　　價：180 元

ISBN 978-957-8697-86-7 Printed inTaiwan